MENTOR LERN-HILFE

Band 535

Deutsch

Vorsicht Fehler!

200 typische Deutschfehler
erkennen und vermeiden

Mit Testaufgaben und Lösungsteil

Diethard Lübke

mentor Verlag München

Über den Autor:

Diethard Lübke, Lehrer für Französisch und Deutsch am Gymnasium, Studiendirektor am Staatlichen Studienseminar für das Lehramt an Höheren Schulen, Autor zahlreicher didaktischer Werke und Aufsätze in Fachzeitschriften

Redaktion: Elisabeth Güll

Illustrationen: Elmar Fassold, Nürnberg

Layout: Barbara Slowik, München

Umwelthinweis: Gedruckt auf chlorfrei gebleichtem Papier.

| **Auflage:** | 3. | 2. | 1. | letzte Zahlen |
| **Jahr:** | 05 | 04 | 03 | maßgeblich |

© 1997 by Mentor Verlag GmbH, München

Das Werk und seine Teile sind urheberrechtlich geschützt. Jede Verwertung in anderen als den gesetzlich zugelassenen Fällen bedarf deshalb der vorherigen schriftlichen Einwilligung des Verlages.

Satz/Repro: typodata, München
Druck: Landesverlag Druckservice, Linz
Printed in Austria · ISBN 3-580-71616-6

Vorwort

Liebe Schülerin, lieber Schüler!

Die Rechtschreibreform hat viele Veränderungen gebracht. Zwar ist die Schreibweise bei vielen Fremdwörtern oder auch die Kommaregelung vereinfacht worden. Oft sind verschiedene Schreibweisen nebeneinander möglich (z. B. Graphik oder Grafik; Desktop-Publishing oder Desktoppublishing!).
Aber leider sind die meisten Fehlerquellen und Stolpersteine erhalten geblieben („nämlich" schreibt man auch weiterhin ohne -h-, „das/dass" muss weiterhin unterschieden werden ...), einige Schwierigkeiten sind hinzugekommen (zum Beispiel die Getrennt- und Zusammenschreibung; die Trennung von Fremdwörtern) – auf jeden Fall müssen wir uns alle an die neuen Schreibweisen gewöhnen.

Vorsicht Fehler! ist daher noch viel wichtiger geworden, als es bisher schon war. Die neuen Schreibweisen und Regeln sind konsequent aufgenommen und durch grüne Farbe gekennzeichnet worden. Gleichzeitig ist *Vorsicht Fehler!* gründlich überarbeitet worden.

Viel Spaß und Erfolg mit diesem Buch wünschen dir

Autor und
Mentor Verlag

P. S. Übrigens: Der Text dieses Bandes entspricht – mit Ausnahme der Originalzitate – der neuen Rechtschreibung.

So arbeitest du erfolgreich mit diesem Buch

Du kannst mit diesem Buch zweierlei lernen:

1. Du wirst typische Fehler, Stolpersteine der deutschen Schriftsprache z. B. aus den Bereichen Rechtschreibung, Zeichensetzung, Silbentrennung, Zusammen- oder Getrenntschreibung vermeiden. (Um diese typischen Fehler zusammenzustellen, wurden etwa 10 000 Klassenarbeiten, Aufsätze, Prüfungsarbeiten und Bewerbungsschreiben von Schülerinnen und Schülern der Realschule, des Gymnasiums und des berufsbildenden Schulwesens ausgewertet.)

2. Du lernst die Neuerungen kennen, die mit der Rechtschreibreform eingeführt worden sind.

Dieses Buch ist zunächst ein **Übungsbuch**

Auf der linken Seite jeweils bekommst du Informationen. Auf der rechten Seite kannst du an kleinen Aufgaben überprüfen, ob du alles richtig verstanden hast und die Regeln anwenden kannst. Kleine Cartoons oder Zeitungsausschnitte illustrieren die Anwendung der Begriffe. Mein Rat: Täglich nur 5–10 Abschnitte genau durcharbeiten und die Ergebnisse mit den Lösungen hinten vergleichen – dann hast du in einem Monat sehr viel gelernt!

Das Buch ist außerdem ein **Nachschlagewerk**

Behalte das Buch, wenn du es durchgearbeitet hast: Es dient dir als Nachschlagewerk, wenn du in den Bereichen Rechtschreibung, Zeichensetzung usw. irgendwann Probleme hast. Niemand kann sich sofort alles merken! Damit du beim Durchblättern schnell findest, was du suchst, sind die Abschnitte nach dem Abc angeordnet und jeweils mit einer Buchstaben-Griffleiste (rechts oben im Balken) von A–Z versehen.
Einzelne wichtigere Begriffe aus den Abschnitten findest du durch einen schnellen Blick ins „Stichwortverzeichnis", einen systematischen Überblick dagegen verschafft dir das „Inhaltsverzeichnis".
Unbekannte Fachbegriffe aus der Grammatik sind im Verzeichnis der „Grammatischen Begriffe" erklärt.

EIN TIPP FÜR LEHRER: *Vorsicht Fehler!* kann zu einem festen Bestandteil jeder Deutschstunde werden, vorzugsweise in den Klassen 7–9. Einige Abschnitte werden von Stunde zu Stunde als Hausaufgabe aufgegeben. Die Überprüfung im Unterricht erfolgt dann, indem einer Schülerin oder einem Schüler ein **unbeschriebenes** Exemplar dieses Übungsbuchs ausgehändigt wird und die Schülerin/der Schüler die richtigen Lösungen „aus dem Kopf" ansagt. (Dabei sollten auch frühere Abschnitte überprüft werden.)

Inhaltsverzeichnis

Vorwort 3

Abkürzungen mit und ohne Punkt 8
Absätze 10
Acht geben 10
Adjektive
   auf *-isch* und *-er* (von geografischen
   Namen abgeleitet) 10
   als *Nomen* gebraucht 12
   die zu *Eigennamen* gehören 12
   nach „*etwas, alles, viel, wenig, nichts*" .. 14
   ... und *Adverbien*, von *Nomen*
   abgeleitet 14
   von *Personennamen* abgeleitet 14
-ä-/-äu- oder *-e-/-eu-?* 16
-ai- 16
allzu 18
Alp-/Alb(-) 18
Anfang, Ende 18
Anführungszeichen
   bei der *direkten Rede* 20
   halbe *Anführungszeichen* 20
   zur Hervorhebung 20
Angst/angst 22
Anmerkungen 22
Apostroph
   bei ausgelassenem *Schluss -e* 22
   bei *Personennamen* im *Genitiv* 24
   bei *Präposition* und *Artikel* 24
   bei *weggelassenen Buchstaben* 26
Apparat .../Kamera 26
Apposition 28
auf/offen, zu/geschlossen 28
aus-/auß- 28
Auto fahren/Rad fahren 30

-b/-p 30
Bankrott/bankrott 30
Bescheid 30
Bindestrich
   bei *Aufzählungen* 32
   bei *Ziffern* und *Wort* 32

   bei *zusammengesetzten Nomen* und
   Adjektiven 32
   bei *Zusammensetzungen* mit
   einzelnen *Buchstaben* 32
bis, Biss, bisschen 34
blühen, Blüte 34
Brief
   Adresse 34
   Anrede, Grüße 36

-c- 38
-ch- 38

-d-/-dt- 40
-d/-t 40
das/dass 42
das/was 42
Datum 44
derselbe/der gleiche 44
deutsch (Deutsch)
   deutsch/Deutsch: Adjektiv 46
   Deutsch/deutsch: Nomen, Adverb 46
dieses/dies 48
drei gleiche Buchstaben 48
du, dich, dein, euch 48

ebenso 50
eigen/Eigen 50
-end 50
end-/ent- 52
englische Fremdwörter 52
Ernst/ernst 52
-eu- 54

f-/pf- 54
fast/fasst 54
fer-/ver- 56
fiel/viel 56
Fragezeichen 56

Inhaltsverzeichnis

Fremdwörter
- -g-/-gn- 58
- im Plural 58
- Fremdwörter (mehrgliedrige) 60

-g/-k 60
ganze/alle 60
gar nicht/gar kein 62
geben 62
Geld/gelt- 62
Geldbeträge 64

Getrenntschreibung
- Adjektive und Verben 64
- Adverbien und Verben I 64
- Adverbien und Verben II 66
- Infinitiv, Partizip, Nomen und Verb .. 66
- „sein" 66

hängen/henken 68
hast/hasst 68
Haus (nach Hause/zu Hause) 68
Herr 70
holen/hohl 70
hundert/tausend 70

-ig/-lich 72
immer 72
indirekte Rede 72
Infinitive 74
interessant 74
irgend 76
ist/isst 76

-jährig/jährlich 76

klar 78

Kleinschreibung
- nach Ausrufe- und Fragezeichen 78
- von „verblassten Nomen" 80

Komma
- bei Aufzählungen 82
- bei Auslassungssatz 82
- bei eingeschobenen Sätzen 84
- beim Infinitiv und Partizip 86
- bei Konjunktionen 88
- bei nachgestellten Erläuterungen 90
- bei „und"/„oder" 90
- bei Vergleichssatz 90

Langeweile 92
laut/Laut 92
leeren/lehren 92
Leid/leid 94

-mal/Mal 94
malen/mahlen 96
Mann/man 96
Maschine/Schiene 96
meist 98
Miene/Mine 98

nämlich 98
-nis 98
Not/not 100
Nummer 100
Nummerierung 100

obwohl/trotzdem 102
original 102
-ou- 102

paar/Paar 104
packen/Paket 104
Partizipien als Nomen 104
-ph-/-f- 106
Platz/platzieren 106
-pp- 106
Prädikat 108

Präpositionen
- mit Dativ oder Akkusativ 108
- Präposition und Konjunktion 108

Präsens/Präsenz 110

Rad/Rat 110
Recht/recht 110

Relativpronomen 112
(-)rh(-) 112

-s/-z 114
sammeln, sämtlich 114
scheinbar/anscheinend 114
Schuld/schuld 116
seid/seit(-) 116
Seite 116
(-)sh- 118
Sie, Ihr, Ihnen 118
Silbentrennung
   Grundregeln 120
   -ck- 122
   -pf- 122
   -ss-/-ß- 122
   -st-/-sp- 124
   Vorsilben, die nicht leicht erkennbar sind 124
sodass/so dass 126
solange/so lange 126
soviel/so viel 128
-sp-, -st- (Aussprache) 128
spazieren 128
-ss-/-ß-
   am *Wortende* 130
   bei *Verbformen* 130
   im *Wortinnern* 132
statt-/-stätte/Stadt 132
stehen, stets 134
Steigerung 134
Stiel/Stil 134
Straßennamen 136

Tageszeiten 136
-th- 138
Tod/tod-/tot 138

Überschriften
   Grundregeln 140
   ... und Titel (Artikel, Prädikat) 140
umso 140
und so weiter 142
ur-, Uhr 142

Vergleich 142
verlieren 144
viel/viele 144
vielleicht 144
viel zu/zu viel 146
Vokalverdopplung 146

während 148
wahr, war 148
weil/da, denn 148
weisen/wissen 150
wenigstens/mindestens 150
wert/Wert 150
wider(-)/wieder(-) 152
wieso 152
wie viel 154
wird, Wirt 154
Wochentage 156
Wörter/Worte 156

-x-/-chs-/-cks-/-gs-/-ks- 156

-y- 158

-z-/-tz- 158
-z/-z- 160
Zahlen
   Zahl + Zusatzsilbe/Zusatzwort 160
   Substantivierte (Ordnungs)zahlen ... 160
   Zahlwörter, Zahladjektive, Pronomen 162
Zeit/zeit 164
ziemlich 164
Zitate 164
Zusammenschreibung: Nomen und substantivierte Infinitive 166
-zz-/-zz 166

Grammatische Begriffe **168**

Lösungsteil **173**

Stichwortverzeichnis **195**

Abkürzungen

1   *Abkürzungen mit und ohne Punkt*

Mit Punkt:		Ohne Punkt:	
Abs.	**Abs**ender	*ADAC*	**A**llgemeiner **D**eutscher **A**utomobil**c**lub
a.D.	**a**ußer **D**ienst		
Betr.	**Betr**eff	*AG*	**A**ktien**g**esellschaft
b.w.	**b**itte **w**enden	*ASU*	**A**bgas**s**onder**u**ntersuchung
bzw.	**bz**iehungs**w**eise	*BGB*	**B**ürgerliches **G**esetz**b**uch
ca.	**z**irka	*cm*	**Z**entimeter (= **c**enti**m**ètre)
d.h.	**d**as **h**eißt	*DB*	**D**eutsche **B**ahn AG
Dr.	**D**okto**r**	*DGB*	**D**eutscher **G**ewerkschafts**b**und
etc.	= lat. **et c**etera = usw.	*DIN*	**D**eutsche **I**ndustrie**n**orm
e.V.	**e**ingetragener **V**erein	*DJH*	**D**eutsche **J**ugend**h**erberge
f.	**f**olgende(r)	€	**Euro**
geb.	**geb**orene	*EU*	**E**uropäische **U**nion
gez.	**gez**eichnet	*FKK*	**F**rei**k**örper**k**ultur
Hbf.	**H**aupt**b**ahnho**f**	*g*	**Gramm**
i.A.	**i**m **A**uftrag	*GmbH*	**G**esellschaft **m**it **b**eschränkter **H**aftung
Ing.	**Ing**enieur		
i.V.	**i**n **V**ertretung	*Kfz*	**K**ra**f**t**z**ahrzeug
Jh.	**J**a**h**rhundert	*kg*	**K**ilo**g**ramm
m.E.	**m**eines **E**rachtens	*km*	**K**ilo**m**eter
MwSt./		*Lkw/LKW*	**L**ast**k**raft**w**agen
MWSt.	**M**ehr**w**ert**st**euer	*m*	**M**eter
n.Chr.	**n**ach **Chr**istus	*N*	**N**orden
Nr.	**N**umme**r**	*O*	**O**sten
S.	**S**eite	*Pkw/PKW*	**P**ersonen**k**raft**w**agen
s.o.	**s**iehe **o**ben	*PS*	**P**ferde**s**tärke
Str.	**Str**aße	*S*	**S**üden
u.a.	**u**nter **a**nderem, **a**nderen	*SB*	**S**elbst**b**edienung
usw.	**u**nd **s**o **w**eiter	*SOS*	**R**ettet **u**nsere **S**eelen (= **SAVE OUR SOULS**)
vgl.	**v**er**gl**eiche		
z.B.	**z**um **B**eispiel	*TÜV*	**T**echnischer **Ü**berwachungs**v**erein
z.T.	**z**um **T**eil		
z.Z.	**z**ur **Z**eit	*UKW*	**U**ltra**k**urz**w**elle
zz.	zurzeit	*UNO*	**V**ereinte **N**ationen (= **UNITED NATIONS ORGANIZATION**)
		USA	**V**ereinigte **S**taaten (= **UNITED STATES OF AMERICA**)
		W	**W**esten
		WC	**T**oilette (= **WATER CLOSET**)

Abkürzungen, die als solche auch gesprochen werden („*PKW*", „*SOS*"), stehen im Allgemeinen ohne Punkt.

Maßangaben, Währungsbezeichnungen, chemische Elemente und Himmelsrichtungen stehen immer ohne Punkt.

→ *Bindestrich* (Kap. 35)

Test 1

Ergänze die *Abkürzungen:*

1. Absender: _____ 2. Doktor: _____

3. geborene: _____ 4. Nummer: _____

5. Straße: _____ 6. vergleiche: _____

7. zum Beispiel: _____ 8. Zentimeter: _____

9. Euro: _____ 10. Kilogramm: _____

11. Ultrakurzwelle: _____ 12. Selbstbedienung: _____

13. Aktiengesellschaft: _____

14. Vereinte Nationen: _____

15. Kraftfahrzeug: _____

16. Europäische Union: _____

i.A.

Hubert R., 51-jähriger Landwirt aus Weiden in der Oberpfalz, ist das neunmillionste Mitglied des Allgemeinen Deutschen Automobilclubs. Bei einer Feier wurde R. am Dienstag in der Münchner ADAC-Zentrale begrüßt.

Ihr **Kfz**-Fachmann
An- und Verkauf
Reparaturen
TÜV-Vorbereitung
TÜV-Abnahme
ASU-Abnahme

Niemann Transporte
Wir haben noch Termine frei,
z. B. für Umzüge . . .
(auch am Wochenende).
Tel. _____

2 Absätze

Aus einem Aufsatz von Renate R.:

Heike ist überaus *neugierig*. Wenn man etwas wissen möchte, braucht man sie nur zu fragen. Sie weiß es bestimmt.

In der Schule ist sie sehr gut. Das kommt daher, dass sie viel lernt. Oft sitzt sie am Nachmittag mehrere Stunden vorm Schreibtisch.

Im Ganzen ist Heike ein *jungenhafter Typ*. Sie hat sicher noch nie in ihrem Leben einen Rock angehabt, auch nicht auf Hochzeiten …

> Durch **Absätze** wird der Gedankengang des Aufsatzes verdeutlicht.

3 Acht geben …

Immer getrennt geschrieben:

Acht geben
Ich gebe Acht.
etwas außer Acht lassen

sich in Acht nehmen
Ich habe Acht gegeben

Nomen zusammen:

Beim Achtgeben

> Alle Wortverbindungen mit „*Acht*" werden **getrennt geschrieben** und „*Acht*" dabei **groß**.

→ Bindestrich (Kap. 34);
Infinitive (Kap. 88);
Getrenntschreibung (Kap. 77)

Vorsicht:
Das „*Außer-Acht-Lassen*" wird mit Bindestrich und großgeschrieben!

Adjektive

4 *Adjektive:* auf *-isch* und *-er* (von geografischen Namen abgeleitet)

italienisches Eis
französischer Wein
indischer Tee

*das **Münchner** Bier*
*die **Frankfurter** Börse*
*der **Hamburger** Hafen*
*die **Schweizer** Industrie*
*das **Ulmer** Münster*

> *Adjektive* mit der Endung **-isch**, die von *geografischen Namen* abgeleitet sind, schreibt man **klein**, wenn sie nicht Teil eines Eigennamens sind.
>
> *Adjektive* mit der Endung **-er**, die von *geografischen Namen* abgeleitet sind, schreibt man immer **groß**.

→ Adjektive (Kap. 6);
Adjektive (Kap. 9)

Test 2

Zeige durch das Zeichen ⌐ an, wo im folgenden Text an den richtigen Stellen *Absätze* gemacht werden müssten:

Meine Freundin hat einen ausgeprägten Sinn für Humor. Sie ist nicht leicht von einer anderen Meinung zu überzeugen. Manchmal ist sie sehr skeptisch und fordert eindeutige Beweise. Mit kleinen Kindern kann sie sehr gut umgehen. Wenn ein Kind weint, weiß sie, wie sie es aufheitern kann. Daher fassen die Kinder schnell Vertrauen zu meiner Freundin. (Melanie F.)

Test 3

Ergänze die Lücken:

1. Nimm dich in _____!

2. Du sollst _____ geben!

3. nichts Wichtiges außer _____ lassen

4. Das Außer_____lassen der Vorsichtsmaßnahmen kann gefährlich werden.

Test 4

Groß oder **klein**?

1. der _____ Dom (Köln)

2. das _____ Schloss (Heidelberg)

3. das _____ Tor (Brandenburg)

4. die _____ Fremdenverkehrsgebiete (Bayern)

5. die _____ Uhrenindustrie (Schweiz)

6. der _____ Käse (Frankreich)

Adjektive

5 *Adjektive:* als *Nomen* gebraucht

Adjektiv:	**Nomen:**
die guten Freunde	das **G**ute tun
das richtige Ergebnis	das **R**ichtige vorschlagen
das jugendliche Aussehen	die **J**ugendlichen in der Diskothek
die allgemeine Schulpflicht	im **A**llgemeinen
das äußerste Angebot	aufs **Ä**ußerste / **ä**ußerste gefasst sein
besondere Umstände	im **B**esonderen
die folgende Begründung	im **F**olgenden, das **F**olgende
die ganze Arbeit	im **G**anzen
ein klares Wort	im **K**laren sein
die laufenden Unkosten	auf dem **L**aufenden sein
die möglichen Ursachen	alles **M**ögliche versuchen
die weiteren Verhandlungen	im **W**eiteren, des **W**eiteren
die wesentlichen Einwände	im **W**esentlichen
junge und alte Menschen	**J**ung und **A**lt *(nicht dekliniert!)*

> *Adjektive,* die als *Nomen* gebraucht werden, schreibt man **groß**.

⚡ **Vorsicht:**

Er erschrak *aufs Äußerste / aufs äußerste.*

Groß oder **klein** wird der **Superlativ** von **Adjektiven** in Verbindungen mit „*aufs/auf das*" geschrieben.

bis auf weiteres – Die Schule bleibt *bis auf weiteres* geschlossen.
ohne weiteres – Wir hätten *ohne weiteres* ein Darlehen bekommen.

Diese Wendungen werden weiterhin **klein**geschrieben, weil kein Artikel vorausgeht.

6 *Adjektive,* die zu *Eigennamen* gehören

der **A**tlantische Ozean
das **S**chwarze Meer
das **R**ote Meer
der **S**tille Ozean
der **B**ayerische Wald
die **H**olsteinische Schweiz
die **D**eutsche Lufthansa

die **D**eutsche Post AG
der **K**leine Bär (= Sternbild)
die **F**reie Hansestadt Bremen
die **E**wige Stadt (= Rom)
die **V**ereinigten Stahlwerke
Karl der **G**roße

> *Adjektive,* die Teil eines *Eigennamens* sind, schreibt man **groß**.

→ *Adjektive* auf *-isch* und *-er* (Kap. 4)

Test 5

Ergänze S- oder s-:

1. die _____trenge des Lehrers 2. voller _____tolz 3. die _____chuldigen bestrafen

4. Er ist sehr _____treng. 5. Das muss _____treng bestraft werden. 6. Wir sind _____tolz auf den Erfolg. 7. Sein Sohn ist sein ganzer _____tolz. 8. Im _____llgemeinen viel Erfolg haben.

9. Das wird im _____olgenden erklärt. 10 Im _____roßen und _____anzen ist das richtig.

11. Ohne _____eiteres willigte sie ein.

> Für viele Jugendliche ist ein Auslandaufenthalt während ihrer Schulzeit ein Traum. Nur wenige können ihn realisieren. Gerade die ungeliebten Zensuren stehen einem Jahr im Ausland allzu oft im Weg. Anders ist das b__ __ thrin Overb__ keler G__ samtsch__ Jahr

Test 6

Setze ein:

1. (I/i:) der _____ndische Ozean 2. (F/f:) die _____ränkische Schweiz

3. (S/s:) das _____tädtische Hallenbad 4. (S/s:) das _____tädtische Krankenhaus Koblenz

5. (V/v:) mit _____ereinten Kräften 6. (V/v:) die _____ereinten Nationen

Adjektive

7   *Adjektive:* nach „*etwas, alles, viel, wenig, nichts*"

etwas Schönes, etwas Wichtiges ...
alles Gute, alles Neue ...
viel Interessantes, viel Aufregendes ...
wenig Erfreuliches, wenig Brauchbares ...
nichts Besonderes, nichts Außergewöhnliches ...

Schönes erleben
im Urlaub, auch durch unsere Sonderbeilage „Reise und Erholung". Sie erfahren viel Interessantes und Wichtiges

> Nach den Wörtern „*etwas, alles, viel, wenig, nichts*" schreibt man *Adjektive*, die als **Nomen** gebraucht werden, **groß.**

8   *Adjektive* und *Adverbien:* von *Nomen* abgeleitet

Nomen: Adjektiv, Adverb:

viele Menschen   Die Straßen sind *menschenleer.*
der Schauspieler   die *schauspielerische* Leistung
eine Stunde warten   Wir mussten *stundenlang* warten.
der Anfang   Ich war *anfangs* noch nicht so geübt.

> *Adjektive* und *Adverbien*, die von *Nomen* abgeleitet sind, schreibt man **klein.**

→   *Anfang, Ende* (Kap. 14)

9   *Adjektive:* von *Personennamen* abgeleitet

                                      Adjektive auf -*(i)sch:*

der Physiker **Ohm**   das *ohmsche* Gesetz
der Schriftsteller **Brecht**   die *brechtschen* Theaterstücke

> *Adjektive* auf -*(i)sch*, die von *Personennamen* abgeleitet sind, schreibt man **klein.**

!   **Beachte:**

die **Heine'schen** Werke
Zur Verdeutlichung der Grundform des Namens können solche Adjektive auch **großgeschrieben** werden und mit **Apostroph.**

→   *Adjektive*, die zu *Eigennamen* gehören (Kap. 6)

Test 7

Ergänze:

1. (Ä/ä:) Ich möchte etwas _____hnliches versuchen.

2. (B/b:) etwas _____esonderes schenken

3. (W/w:) nichts _____esentliches vergessen

4. (L/l:) etwas _____ustiges erzählen

5. (G/g:) alles _____ute zum Geburtstag wünschen

6. Etwas _chlimmes ist passiert.

Test 8

Ergänze S- oder s-:

1. die _____chule 2. die _____chulischen Leistungen 3. Viele _____chulabgänger suchen eine Lehrstelle. 4. Das ist eine _____ensation. 5. der _____ensationelle Erfolg 6. die gute _____chrift 7. die _____chriftliche Prüfung 8. eine _____ekunde später 9. das _____ekundenlange Zögern 10. der _____ekundenzeiger der Uhr 11. auf hoher _____ee 12. das _____eetüchtige Boot 13. in _____eenot geraten 14. das Schiff _____eeklar machen 15. Um ihn tut es mir wirklich _____eid.

Test 9

Groß- oder Kleinschreibung?

1. Die Philosophie von _____lato

2. Die _____latonischen Schriften

3. Die _____latonische Liebe

4. Die _____arwinsche Evolutionstheorie

-ä- / -äu- | -ai-

10   -ä- / -äu- oder -e- / -eu-?

Wälder	(Wald)	Häute	(Haut)
gefährlich	(Gefahr)	träumen	(Traum)
Gelände	(Land)	säubern	(sauber)
blättern	(Blatt)	Geräusch	(rauschen)
Bändel	(Band)	einbläuen	(blau)
belämmert	(Lamm)	Gräuel	(grausam, Grauen)
behände	(Hand)	schnäuzen	(Schnauze)
Quäntchen	(Quantum)		
Stängel	(Stange)		
überschwänglich	(Überschwang)		
Gämse	(Gams)		

> -ä- steht, wenn es **verwandte Wörter** mit -a- gibt.
>
> -äu- steht, wenn es **verwandte Wörter** mit -au- gibt.

⚡ **Vorsicht:**

aufwendig (aufwenden) oder aufwändig (Aufwand)

schmecken   trotz: Geschmack

11   -ai-

gesprochen: *[ai]*

Hai
Hain
Kai
Kaiser
Brotlaib
Laich
Laie
Lakai
Mai
Main
Mais

Rain
Saite (der Geige)
Taifun
Waisenkind

gesprochen: *[ɛ]*

fair
Saison
Trainer

gesprochen: *[aˈi]*

naiv
Mosaik

Französische Aussprache:

Detail *[aj]*

Refrain *[ɛ̃]*

> Beachte die Wörter, die mit -ai- geschrieben werden.
>
> In **Fremdwörtern** wird -ai- auch *[ɛ]*, *[aˈi]*, *[aj]* oder *[ɛ̃]* ausgesprochen.

Test 10

Ergänze: *e, ä, eu* oder *äu*:

1. das Geb____de (bauen) 2. die S____getiere (saugen) 3. m____chtig (Macht) 4. sich qu____len (Qual) 5. das R____tsel raten 6. ein Gem____lde malen 7. die B____erin und der Bauer 8. neue Arbeitsvertr____ge abschließen 9. Das Essen schm____ckt gut. 10. Der Geschm____ck ist gut. 11. das Essen überschw____nglich loben 12. „Mama, darf ich lesen, bis ich einschlafe?" „Ja, aber keine Minute l____nger!" 13. Da hat doch ein Qu____chen Glück gefehlt!

Test 11

1. Herrscher
2. tropischer Wirbelsturm
3. Teil einer Geige
4. Hauptbetriebszeit (besonders im Tourismus)

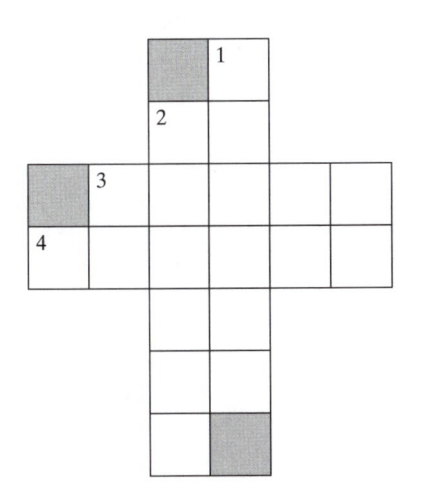

allzu | *Alp- / Alb(-)* | *Anfang, Ende*

12 *allzu*

allzu bald　*allzu sehr*　　das *allzu frühe* Aufstehen
allzu gern　*allzu viel*　　die *allzu große* Mühe
allzu lange　*allzu weit* ...　allzu *viele* Bedenken
allzu oft

> „*allzu*" wird **getrennt** vom folgenden Adjektiv oder Adverb geschrieben.

13 *Alp- / Alb(-)*

Hochgebirge in Deutschland, Österreich, in der Schweiz usw.:

*die **Alp**en*
*das **Alp**envorland*
*das **Alp**enveilchen*

Mittelgebirge in Franken und Schwaben:

die Schwäbische **Alb**
die Fränkische **Alb**

schlimmer Traum:

*der **Alb**traum*
(oder **Alp**traum)
*der **Alb**druck*
(oder **Alp**druck)

> Die *Alpen* schreibt man mit -p-.

14 *Anfang, Ende*

Nomen:	**Adverb/Adjektiv:**	**Verb:**
am Anfang	**a**nfangs	**a**nfangen
zu Anfang	**a**nfänglich	
im Anfang		
von Anfang an		
Anfang Mai ...		
am Ende	**e**ndlich	**e**nden
zu Ende	**e**ndlos	
Ende Mai		
Ende Vierzig ...		

> Als **Nomen** schreibt man „*Anfang, Ende*" groß.

➡ *Adjektive* und *Adverbien,* von *Nomen* abgeleitet (Kap. 8)

Test 12

Ergänze „allzu":

1. Wir sind heute _____ früh aufgestanden. 2. Er arbeitete _____ viel.

3. Die Schwierigkeiten waren _____ groß. 4. Es gab _____ viele Schwierigkeiten.

5. Die Arbeiten dauerten _____ lange. 6. Du hast dich _____ sehr aufgeregt.

7. Die Wohnung ist _____ teuer.

Test 13

Ergänze -b- oder -p-:

1. in den Al_____en Ferien machen

2. die schneebedeckten Gipfel der Al_____en

3. auf der Schwäbischen Al_____ wandern

4. einen Al_____traum haben

5. Wie heißt diese Blume? _____

Test 14

Ergänze -A- oder -a-:

1. Es gab _____nfangs einige Schwierigkeiten. 2. Wir fahren _____nfang Juli an die Nordsee.

3. der große _____nfangsbuchstabe 4. von _____nfang an 5. zu _____nfang 6. Jetzt wollen

wir endlich _____nfangen.

Ergänze -E- oder -e-:

7. Ich musste beim Arzt _____ndlos warten. 8. Die Frau ist _____nde dreißig.

9. Jetzt sind wir _____ndlich fertig. 10. das gute _____ndergebnis

Anführungszeichen

15   *Anführungszeichen:* **bei der** *direkten Rede*

Er sagte: „*Ich gehe jetzt einkaufen.*" (1)
„*Ich gehe jetzt einkaufen*", sagte er. (3)
„*Willst du nicht mitkommen?*", fragte er. (2) (4)
„*Ich gehe jetzt einkaufen*", sagte er, „*weil es sonst zu spät wird.*" (2)
„*Komm doch mit!*", sagte er. „*Du willst doch nicht alleine hier bleiben!*" (2) (4)
Als er sagte: „*Komm jetzt bitte mit!*", stand sie sofort auf. (4)

> (1) *Anführungszeichen* „unten" stehen am Anfang der *direkten Rede*, *Anführungszeichen* „oben" am Ende.
>
> (2) **Punkte, Fragezeichen** und **Ausrufezeichen,** die zur *direkten Rede* gehören, stehen **vor** dem *Anführungszeichen* „oben".
>
> (3) Das **Komma** steht **nach** dem *Anführungszeichen* „oben".
>
> (4) Endet die *direkte Rede* mit einem **Ausrufe- oder Fragezeichen,** so steht zusätzlich ein **Komma** vor der Weiterführung des übergeordneten Satzes.

→   *Zitate* (Kap. 198); *Kleinschreibung* nach *Ausrufe- und Fragezeichen* (Kap. 94)

16   *Anführungszeichen* *(halbe)*

„Wir haben die Novelle ‚*Die Judenbuche*' in der Schule gelesen", erzählte Peter.

„Nach dem Unfall jammerte der Verletzte: ‚*Ich kann doch nichts dafür*'", berichtete Gaby.

> Wenn in einer *direkten Rede* ein weiterer Text in *Anführungszeichen* eingeschoben wird, benutzt man **die halben Anführungszeichen.**

17   *Anführungszeichen:* **zur** *Hervorhebung*

Was hier mit „*Sozialismus*" bezeichnet wird, ist ungewöhnlich.
Auf solche „*Hilfeleistung*" kann ich verzichten.

> Die *Anführungszeichen* können zur *Hervorhebung* von Wörtern verwendet werden.

Test 15

Ergänze die *Anführungszeichen* und/oder Kommas:

___Heute gehen wir zu Peter___ ___ erzählte sie.

___Kommst du auch mit?___ ___ fragte sie.

___Es soll dort ganz toll werden___!___

___Was gibt es heute im Fernsehen?___ ___ fragte er.

___Ich glaube, es gibt eine Show___ ___ antwortete sie.

„Musik müsste rezeptpflichtig sein", findet Professor Hermann Rauhe von der Hamburger Musikhochschule. „Sie ist eine wunderbare Medizin, aber auch ein gefährliches Psychopharmakon, das süchtig macht." Offenbar wirken Töne auf das vegetative Nervensystem. Und das wiederum beeinflusst Pulsschlag, Blutdruck, Atmung. Da gibt es angeblich Rhythmen, die den M Darm-Trakt bi in Schw

Test 16

Ergänze die *Anführungszeichen* an der richtigen Stelle:

Michael sagte: ___Ich schlage vor, wir gehen ins Kino und sehen uns den Film ___Doktor Schiwago___ an___.___

Tanja erzählte von ihrer Reise nach Österreich: ___Der Hotelportier sagte immer: ___Guten Tag, gnädiges Fräulein___!___ zu mir___.___

Test 17

Welche Wörter könnte man durch *Anführungszeichen* hervorheben?

Dieser so genannte Freund hat mich sehr enttäuscht.

Ich habe keine Lust, den Helden zu spielen.

18 *Angst / angst*

Angst haben
jemandem Angst machen

Mir ist angst.
Mir wird angst (und bange).

> In Verbindung mit den Verben **„sein"**[1] und **„werden"** wird *„angst"* **kleingeschrieben.**

→ *Adjektive* und *Adverbien,* von *Nomen* abgeleitet (Kap. 8)

[1] z. B. den Verbformen von „sein": (es) ist, (es) war, (es) ist … gewesen

19 *Anmerkungen*

Das Auto[1] hat € 15 000,–[2] gekostet. Es war nicht fabrikneu.[3]

[1] Ein Volkswagen   [2] inklusive Mehrwertsteuer   [3] Jahreswagen

> Als *Anmerkungszeichen* dienen hochgestellte Ziffern (ohne Klammern).
>
> Wenn sich die *Anmerkung* auf den ganzen Satz bezieht, steht die hochgestellte Ziffer **hinter** dem Satzzeichen.

Apostroph

20 *Apostroph:* **bei ausgelassenem** *Schluss-e*

Hirt = Hirte
Bursch = Bursche
Ich *komm* gleich, ich *werd* Bescheid sagen.
Vielleicht *könnt* mir jemand helfen?
Bleib und *trink* das!

> Für das ausgelassene *Schluss-e* bei Nomen und bestimmten Verbformen (z. B. auch Imperativen) steht **kein** *Apostroph.*

Test 18

Groß oder **klein**?

1. Ich habe keine _____. 2. Ich will dir nicht _____ machen.

3. Mir ist _____ und bange. 4. Bei diesem Gedanken wird mir _____.

5. Hab doch keine _____!

Test 19

Ergänze die *Anmerkungszeichen:*

In der Zeitung ___ ist zu lesen, dass das Geiseldrama in der japanischen Botschaft in Lima ___ in

Peru ___ weiter andauert.

___ „Süddeutsche Zeitung" vom 14. 1. 97   ___ Hauptstadt von Peru   ___ Land in Südamerika

Test 20

Forme die Sätze um:

1. Ich <u>könnte</u> dir helfen: _____

2. Das <u>wäre</u> schön: _____

21 Apostroph: bei Personennamen im Genitiv

Normalfall:	**Personennamen auf -s, -ß, -x, -z:**
Michael *Michaels Schwester/Michael's*	Andreas *Andreas' Schwester*
Maria *Marias Kind/Maria's*	Ines *Ines' Kind*
Herr Müller *Herrn Müllers Auto/Müller's*	Herr Krauß *Herrn Krauß' Auto*
Dr. Schmidt *Dr. Schmidts Praxis/Schmidt's*	Dr. Schulz *Dr. Schulz' Praxis*

> Bei *Personennamen* kann vor dem *Genitiv-s* ein *Apostroph* gesetzt werden, um die Grundform des Namens zu verdeutlichen.
>
> An *Personennamen,* die auf -s, -ß oder -x, -z enden, wird im *Genitiv* ein *Apostroph* angefügt, ohne zusätzliches -s.

22 Apostroph: bei Präposition und Artikel

das: *ans, aufs, durchs, fürs, hinters, ins, übers, ums, unters, vors*

dem: *am, beim, hinterm, im, überm, unterm, vom, vorm, zum*

der: *zur*

den: *hintern, übern, untern*

> Bei diesen Verschmelzungen steht **kein** *Apostroph.*

Test 21

Benutze den *Genitiv:*

1. die Werke von Goethe: _____ Werke
2. die Romane von Günter Grass: _____ Romane
3. das neue Motorrad von Peter: _____ neues Motorrad
4. Ich kenne den Vater von Andreas: Ich kenne _____ Vater.
5. Das ist die Schwester von Heinz: Das ist _____ Schwester.
6. Das ist der Blumenladen von Andrea: Das ist _____ Blumenladen.

Test 22

Ziehe *Präposition* und *Artikel* zusammen:

1. an das = _____ 2. in das = _____ 3. an dem = _____
4. bei dem = _____ 5. in dem = _____ 6. zu dem = _____
7. _____ Fenster gehen (an) 8. _____ Fenster stehen (an)
9. _____ Fenster sehen (durch) 10. die Vorhänge _____ Fenster ziehen (vor)

Apostroph | Apparat ...

23   *Apostroph:* **bei** *weggelassenen Buchstaben*

So ein Unsinn!	*So 'n Unsinn!*
Das **war eine** Anstrengung!	*Das **war 'ne** Anstrengung!*
Es ist kaum zu glauben!	*'s **ist** kaum zu glauben!*
Wie **geht es** dir?	*Wie **geht's**?*
Kurfürstendamm	*Ku'damm*

> Der *Apostroph* kann für die am Wortanfang oder im Wortinnern *weggelassenen Buchstaben* gesetzt werden.

⚡ **Vorsicht:**

Komm *mal* her, ich will dir *was* sagen.   Komm **einmal** her, ich will dir **etwas** sagen.

Ausnahmen: „*mal, was*" **ohne** *Apostroph* für „*einmal, etwas*".

Runter vom Balkon!   **Herunter** vom Balkon!

Gekürzte Wörter mit ***R-, r-*** am Wortanfang werden **ohne** *Apostroph* geschrieben.

> *Antje, du warst in Frankreich und hast einen Austausch gemacht. Wie war's?*
> *Super, mir hat's ganz prima gefallen. Ich hab fast geheult, als ich abgefahren bin.*

24   *Apparat ... / Kamera ...*

der Fotoapparat	die Kamera	der Kamerad
der Radioapparat	die Fernsehkamera	kameradschaftlich
die Apparatur		

> „*Apparat*" schreibt man in der Mitte mit *-a-*,
> „*Kamera*" und „*Kamerad*" mit *-e-*.

Test 23

Forme die Sätze um und **verkürze** die unterstrichenen Wörter:

1. Er hat es gesagt: Er _____ .

2. Mir ist das egal: Mir _____ .

3. Das ist eine gute Gelegenheit:

   _____ .

4. Sag das noch einmal: _____ .

5. Das ist etwas anderes: _____ .

> **WER SAGT'S DENN?**
>
> *In der Londoner Innenstadt beträgt die Durchschnittsgeschwindigkeit sechs Kilometer pro Stunde. Vor hundert Jahren kamen die Pferdewagen auf acht km/h.*

Test 24

Ergänze -a- oder -e-:

1. Dieter fotografiert seine Klassenkam____raden mit seinem Fotoapp____rat.

2. Sein Vater besitzt eine neue Videokam____ra.

3. Warum legen die Ostfriesen Pfefferkörner auf den Fernsehap____? – Damit das Bild schärfer wird.

27

25 Apposition

Günter Grass, *der berühmte Schriftsteller*, hat viele Romane geschrieben.
  Nominativ ←→ Nominativ

Kennen Sie einen Roman von Günter Grass, *dem berühmten Schriftsteller*?
  Dativ ←→ Dativ

Ich mag Günter Grass, *den berühmten Schriftsteller*.
  Akkusativ ←→ Akkusativ

> Die *Apposition* steht **im selben Fall** wie der Satzteil, auf den sie sich bezieht und wird durch Komma abgetrennt.

→ Komma (Kap. 101)

! Beachte:

Der berühmte Schriftsteller (,) Günter Grass (,) war Vorsitzender des Schriftstellerkongresses.
Wenn der Name der *Apposition* folgt, kann das **Komma wegfallen.**

26 auf/offen, zu/geschlossen

aufmachen	Die Tür ist *offen*.	(⚡ nicht: *auf*)
Ich *mache* die Tür *auf*.	Die *offene* Tür.	
	Die Tür steht *offen*.	
zumachen	Die Tür ist *geschlossen*.	(⚡ nicht: *zu*)
Ich *mache* die Tür *zu*.	Die *geschlossene* Tür.	

> „auf, zu" sind in diesen Beispielen **Vorsilben** bei Verben und beschreiben den Vorgang des Öffnens und Schließens, dürfen isoliert aber nur in der Umgangssprache verwendet werden.
>
> „offen, geschlossen" sind **Adjektive** und bezeichnen einen Zustand.

27 aus-/auß-

Silbentrennung:

Auskunft	*Außenseiter*	*Au-ßen-sei-ter*
Ausnahme	*außer*	*au-ßer*
auswendig lernen	*außerdem*	*au-ßer-dem*
ausgenommen	*außerhalb*	*au-ßer-halb*
aussehen...	*äußerst*	*äu-ßerst*

> **aus-** (mit **-s**) und **außer-/außen-** sind Vorsilben.
>
> „außer" und alle verwandten Wörter schreibt man mit **-ß-**.

→ *-ss- / -ß- im Wortinnern* (Kap. 157)

Test 25

1954 — Das erste atombetriebene Unterseebot der Welt, die amerikanische „Nautilus", läuft in Groton (Connecticut) vom Stapel.

Ergänze:

1. Ich spreche von Adenauer, _____.
   (der erste deutsche Bundeskanzler)

2. Ich warte auf Christian, _____.
   (der Bruder meiner Frau)

3. Wir waren auf Sylt, _____.
   (die Insel in der Nordsee)

Test 26

Ergänze „*auf*" oder „*offen*":

1. Mach das Fenster _____ !

2. das _____ Fenster

3. Das Fenster ist _____ .

Ergänze „*zu*" oder „*geschlossen*":

4. Mach das Fenster _____ !

5. das _____ Fenster

6. am _____ Fenster stehen

7. Dieser Schalter ist _____ .

Test 27

Ergänze -*s*- oder -*ß*-:

1. der Au____endienst 2. die Au____entemperatur 3. der Au____sichtsturm

4. die Au____sprache 5. die Äu____erung 6. äu____erlich 7. au____erordentlich

8. das Au____weichmanöver 9. eine Au____nahme 10. au____erhalb

11. Ich tue das äu____erst ungern.

Auto/Rad fahren | -b/-p | Bankrott | Bescheid ...

28 Auto fahren / Rad fahren

Ich fahre Auto.   *das Autofahren lernen*
Fährst du Rad?   *das Radfahren bevorzugen*

> **Getrennt** schreibt man Wortverbindungen, die aus einem **Nomen** und einem **Verb** (in dieser Reihenfolge) bestehen.
> Nur als **Nomen** wird **groß-** und **zusammengeschrieben**.

➤ *Getrenntschreibung* (Kap. 77); *Infinitive* (Kap. 88); *Zusammenschreibung von Nomen* (Kap. 199)

29 -b / -p

Triebwerk	*(treiben)*	*Hupkonzert*	*(hupen)*
Stabhochsprung	*(Stäbe)*	*Tipp*	*(tippen)*
Ich habe dich lieb.	*(lieben)...*	*Stopp*	*(stoppen)*

> Wenn du unsicher bist, ob sich ein Wort mit *-b-* oder *-p-* schreibt, so verlängere das Wort, indem du den **Plural**, die **Steigerung** u.a. bildest, oder leite das **Stammwort** ab.

➤ *-pp-* (Kap. 127)

30 Bankrott / bankrott

Bankrott gehen   *bankrott sein*
Bankrott machen

> Nur „*bankrott*" in Verbindung mit „**sein**" wird **kleingeschrieben**.

➤ *Auto fahren* (Kap. 28)

31 Bescheid ...

Bescheid sagen   *Bescheid geben*   *Bescheid wissen*

> „*Bescheid sagen/geben/wissen*" wird in zwei Wörtern geschrieben.

! **Beachte:** Das Nomen „*Bescheid*" wird immer **großgeschrieben**!

➤ *Auto fahren* (Kap. 28)

Test 28

Ergänze *Auto* oder *Rad*:

1. Fährst du oft _____ ? (Rad)

2. Ich werde viel _____ fahren. (Rad)

3. Im Sommer _____ macht mir Spaß. (Rad fahren)

4. In diesem Alter_____ zu lernen ist nicht leicht.
   (Auto fahren)

Test 29

Ergänze *b* oder *p*:

1. der Betrie_____ (Betriebe) 2. der Maßsta_____ (Maßstäbe) 3. das Prinzi_____ (Prinzipien) 4. das Teesie_____ (Siebe) 5. Stau_____ wischen 6. Sie schrie_____ uns einen langen Brief. 7. Sie ti_____t ihren Brief auf der Schreibmaschine. 8. Das war ein guter T_____ .

Flugbetrie**b**

Test 30

150 Euro, bitte!

150 Euro habe ich nicht. Ich bin _____!

Test 31

Ergänze „*Bescheid*":

1. Ich werde euch rechtzeitig _____ sagen.

2. Ihr hättet durchaus _____ wissen müssen.

3. Ich wusste leider nicht _____ .

Bindestrich

32 Bindestrich: bei *Aufzählungen*

ein- bis zwei**mal**
ein- und aus**steigen**

die **Groß**- und Klein**schreibung**
Diskussionsergebnisse und -**beschlüsse**

> Der *Bindestrich* steht bei der *Aufzählung* von Wörtern, wenn die **Wiederholung gemeinsamer Wortbestandteile** vermieden werden soll.

33 Bindestrich: bei *Ziffern* und *Wort*

100-prozentig
3-Zimmer-Wohnung
1000-Meter-Lauf

4-mal
3-Tonner
12-Zylinder

17-jährig
die *17-Jährige*
eine *17-Jährige*

> Bei Zusammensetzungen mit *Ziffern* stehen *Bindestriche*.

⚡ **Vorsicht:** *8fach; die 90er Jahre; 5%ig* – Bei *Ziffern mit Endungen* steht *kein Bindestrich*.

34 Bindestrich: bei *zusammengesetzten Nomen* und *Adjektiven*

(1) *Ich-Sucht*
   Druck-Erzeugnis
   Kaffee-Ersatz
(2) *süß-saure Soße*

(3) *September-Oktober-Heft*
   Magen-Darm-Katarrh
   Aus-der-Haut-Fahren

> Aus Gründen der Übersichtlichkeit **können** *zusammengesetzte Nomen* (besonders beim Zusammentreffen von drei gleichen Buchstaben) (1) sowie *zusammengesetzte* gleichrangige *Adjektive* (2) mit *Bindestrich* gesetzt werden.
>
> *Aneinander gereihte Nomen* dagegen **müssen** mit *Bindestrich* gesetzt werden. (3)

→ *drei gleiche Buchstaben* (Kap. 51)

35 Bindestrich: bei *Zusammensetzungen* mit einzelnen *Buchstaben* ...

C-Dur, a-Moll, O-Beine, x-beliebig, die Kfz-Papiere, Abt.-Leiter, das Zungen-R, CO_2-Konzentration ...

> Wenn Wörter mit *einzelnen Buchstaben, Formelzeichen* oder *Abkürzungen* zusammengesetzt sind, stehen *Bindestriche*.

Test 32

Verwende *Bindestriche* zur Verkürzung:

1. Gartenmöbel und Campingmöbel
   _____

2. Diese Methode hat Vorteile und Nachteile.
   _____

Hamburg (dpa) - Natur- und Tierfilme sowie Geschichts- und Politik-Dokumentationen werden bei Fernsehzuschauern immer beliebter.

Test 33

Welche Wörter sind gemeint?

1. Eine Packung, die 2 Kilogramm wiegt:

   eine _____ Packung.

2. Ein Lauf über 1000 Meter: ein _____ Lauf.

3. Ein Junge von 14 Jahren: ein _____ Junge.

Test 34

Verwende *Bindestriche* zur Verkürzung:

1. Im _____ (Heft für Monat September und Oktober)

   stand etwas über _____. (Sucht, bei der man zu viel isst.)

2. Das Meer war richtig _____. (blau und grün gleichzeitig)

Test 35

Fülle die Lücken aus:

1. der Punkt auf dem i: _____.

2. Der Sender, der über Ultrakurzwelle sendet: _____.

3. Das Auto ist insgesamt 50 000 km gefahren; das ist der _____ Stand.

4. Das Wort „wahr" wird mit einem Dehnungs_____ geschrieben.

bis | blühen | Brief

36 bis, Biss, bisschen

bis jetzt	ein *bisschen*	der *Biss* des Hundes
bis heute	das *bisschen*	er *biss* (beißen)
bisher	kein *bisschen*	der *Imbiss*

> *„bisschen"* und *„der Biss"* werden mit -ss- geschrieben.

➜ -ss-/-ß- (Kap. 147, 155, 157)

37 blühen, Blüte

blühen	die Blüte
Die Blume *blühte* lange.	die Baumblüte
verblühen	blütenweiß

> *„blühen"* und alle verwandten Wörter schreibt man **mit** -h-.
> *„Blüte"* und alle verwandten Wörter schreibt man **ohne** -h-.

Brief

38 Brief: *Adresse*

1. Vorname	① Herrn Peter Müller ②	2. Name
3. Straße	③ Bahnhofsstr. 5 ④	4. Hausnummer
5. Postleitzahl	⑤ 44330 Münster ⑥	6. Ort

1. Firma	① Mentor Verlag	
2. Postfach	② Postfach 40 11 20	
3. Postleitzahl	③ 80711 München ④	4. Ort

> Die *Adresse* besteht aus: Herrn/Frau, Vorname, Name, Straße, Hausnummer, Postleitzahl, Ort.
>
> Oder aus: Firma, Postfach, Postleitzahl, Ort.

B

Test 36

Ergänze -s- oder -ss-:

1. in die Imbi_____stube gehen
2. bi_____ zum Abend warten
3. Das ist ein bi_____chen zu viel.
4. Der Hund bi_____ zu.
5. Ich bin ein bi_____chen überrascht.
6. Bi_____ dann!

Test 37

Ergänze die Lücken:

1. Die Blumen _____ .

2. die _____zeit der Obstbäume

3. die ver_____Blumen wegwerfen

4. Die Rosen sind aufge_____ .

Ein Brief vom Finanzamt!

Test 38

Schreibe die *Adresse:*

Der Brief geht an Frau Sylvia Schmidt. Sie wohnt in Berlin, Postleitzahl: 14199, Straße: Friedrichstraße 15.

_____

_____

_____

_____

39 Brief: *Anrede, Grüße*

Behörde, Amt:	*Sehr geehrte Damen und Herren,* … *Mit freundlichen Grüßen* *Peter Müller*
Alle Leute, zu denen man „Sie" sagt:	*Sehr geehrter Herr Schmidt!* … *Mit freundlichen Grüßen* *Peter Müller*
Gute Bekannte:	*Lieber Herr Schmidt!* … *Mit den besten Grüßen* *Peter Müller*
Freunde, zu denen man „du" sagt; Verwandte:	*Lieber Oliver!* … *Mit herzlichen Grüßen* *dein* *Peter*
Ehepartner, Eltern, Kinder:	*Mein lieber Oliver!* … *Viele herzliche Grüße* *sendet dir* *dein* *Peter*

> Nach der *Anrede* steht ein Ausrufezeichen oder ein Komma. Nach dem Komma wird **klein** weitergeschrieben.
>
> *„du, dir, dich, dein …"* wird **kleingeschrieben,**
> *„Sie"* usw. bleibt **groß.**
>
> Nach den *Grüßen* steht **kein Satzzeichen.**

→ *du* (Kap. 52); *Sie* (Kap. 143)

Test 39

Was schreibt man als *Gruß* unter einen Brief?

1. an eine Behörde: _____

2. an jemanden, zu dem man „Sie" sagt: _____

3. an einen guten Bekannten: _____

4. an den Freund Holger: _____

5. an Tante Sylvia: _____

6. an die Schwester Melanie: _____

7. an die Mutter: _____

40 -c-, gesprochen wie -s-, -(t)sch-, -tz-, -k-

-s- stimmlos	(t)-sch-	-tz-	-k-
Annonce[1]	Cello	Celsius	Café
Balance[2]	Cembalo ...	Ceylon[5]	Camping
Chance		circa (oder zirka) ...[6]	circa
Direktrice[3]			Clou[7]
Farce[4]			Clown
Service ...			Cocktail
			College[8]
			Computer
			Courage[9] ...

> In einigen **Fremdwörtern** wird -c- statt -s-, -(t)sch-, -tz- oder -k- geschrieben.

? [1] Zeitungsanzeige [2] Gleichgewicht [3] weibl. Form: Direktor [4] Lustspiel; billiger Scherz [5] Insel (Sri Lanka) [6] ungefähr [7] Kernpunkt [8] Höhere Schule; Teil der Universität [9] Mut

41 -ch-, gesprochen wie -k-, -sch-, -tsch-

-k-	-sch-	-tsch-
Chaos[1]	Chance	Charterflug
Charakter	Chanson[2]	Checkliste[6]
charakteristisch	charmant[3]	Chip
Chemie	Chauffeur[4]	Choke[7]
Chor	Chef	Couch ...
Christ	chic[5]	
Chrom		
Orchester ...		

> In einigen **Fremdwörtern** wird -ch- statt -k-, -sch- oder -tsch- geschrieben.

? [1] Durcheinander [2] frz. Lied [3] bezaubernd, liebenswürdig [4] Fahrer [5] modisch, geschmackvoll [6] Kontrollliste [7] Kaltstarthilfe beim Auto

C

Test 40

Kreuzworträtsel:

→

2. Gelegenheit
4. Spaßmacher
5. Mut
6. das Zelten
7. Saiteninstrument
8. Altes Tasteninstrument
9. billiger Scherz

↓

1. Gleichgewicht
3. Rechner

Computer-markt 11–17 Uhr

Test 41

Kreuzworträtsel:

Senkrecht:

1. mehrere Sänger
2. Durcheinander
3. Metall
4. günstige Gelegenheit
5. Kaltstarthilfe
6. billiger Flug
7. Leiter einer Firma

Wie heißt das **Lösungswort** in den stark umrandeten Feldern? (Die beiden äußersten Kästchen kannst du erschließen!)

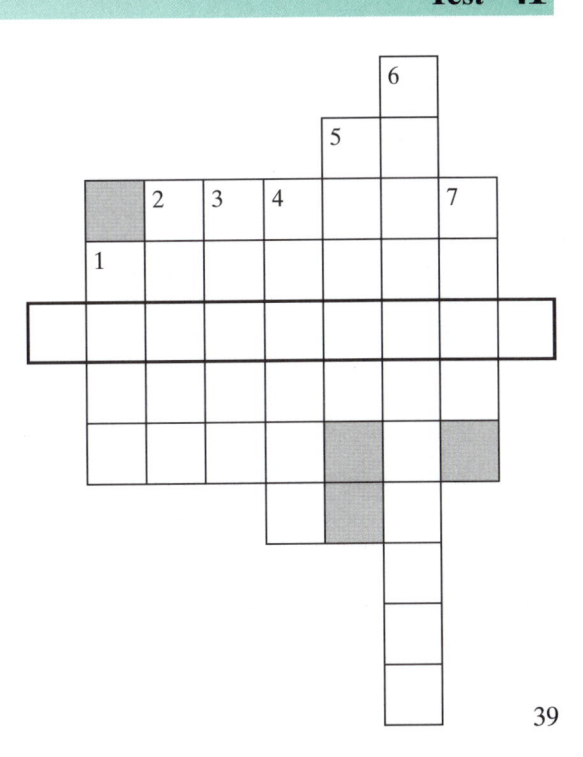

42 -d- / -dt-

angewandt anwenden
er wandte ein (wendete) einwenden, der Einwand

sie sandte (sendete) senden
gesandt (gesendet)
er versandte (versendete) versenden
er hat versandt (versendet) der Versand

er verwandte (verwendete) verwenden
er hat verwandt (verwendet)

! **Beachte:** *der Vorwand*

> Beachte die **Wörter,** die mit -dt- geschrieben werden.

⚡ Vorsicht:

die Bewandtnis Sie ist gewandt.
Sie sind verwandt. die Gewandtheit

Diese Wörter werden nur mit -dt- geschrieben!

43 -d / -t

Rad (Räder) Rat (Räte, raten)
Hand (Hände) Zeit (Zeiten)
Mitleid (leiden) Gebet (beten)
Unterschied (unterscheiden) Dokument (Dokumente)
Geduld ... (geduldig) ...

! **Beachte:**

Wortfamilien haben denselben Stamm!

> Wenn du beim Sprechen eines Wortes das -d oder -t nicht deutlich hören kannst, so verlängere das Wort, indem du den **Plural,** die **Steigerung** u. a. bildest, oder leite das **Stammwort** ab.

Test 42

Ergänze -d- oder -dt-:

1. Die Regel anwen_____en. 2. die Redegewan_____heit. 3. Alle haben die Regel richtig angewan_____. 4. Es wurde kein Einwan_____ erhoben. 5. Der Katalog des Versan_____hauses wurde uns kostenlos zugesan_____. 6. Peter und Christian sind verwan_____. 7. Die ganze Verwan_____schaft wurde zum Geburtstag eingeladen.

Statt Karten
Ein herzliches Dankeschön
sagen wir, auch im Namen unserer Eltern, allen Verwandten, Freunden und Nachbarn, die uns zu unserer Hochzeit mit Glückwünschen, Blumen und Geschenken erfreuten und durch ihre Anwesenheit und ihre frohe Stimmung das Fest zu einer schönen Erinnerung werden ließen.
Alwin und Stefanie

Test 43

Ergänze -d oder -t:

1. der Schie_____srichter (entscheiden) 2. die Unschul_____ (unschuldig) 3. der Gastwir_____ (bewirten) 4. die Sorgfal_____ (sorgfältig) 5. das Fel_____ (die Felder) 6. Abschie_____ nehmen 7. die Gedul_____ verlieren 8. sich um den Haushal_____ kümmern 9. Autofahrer sollen einen ausreichenden Sicherheitsabstan_____ einhalten.

Ölgemälde auf Leinwand mit goldfarbenem Barockrahmen Motiv: "Gardasee Italien". Maße: 56 cm x 96 cm zu verkaufen.

das / dass | das / was

44 das / dass

① *das* = bestimmter Artikel:
das Kind, das Auto — dieses Kind, dieses Auto

das = Demonstrativpronomen:
Das geht nicht. — Dies geht nicht.
Ist *das* wahr? — Ist *dies* wahr?

das = Relativpronomen:
Das Kind, *das* auf der Straße spielt. — Das Kind, *welches* auf der Straße spielt.

② *dass* = Konjunktion:
Ich hoffe, *dass* es dir gut geht.
  └─ Nebensatz ─┘

Das Buch ist so interessant, *dass* ich es zweimal gelesen habe.
  └─────── Nebensatz ───────┘

---

① „*das*" (mit **-s**) ist *bestimmter Artikel, Demonstrativpronomen* oder *Relativpronomen*.
Man kann für „*das*" auch „*dies(es)*" (als *Demonstrativpronomen*) oder „*welches*" (als *Relativpronomen*) einsetzen.

② „*dass*" (mit **-ss**) ist eine *Konjunktion*, die einen Nebensatz einleitet.

➡ -ss-/-ß- (Kap. 156)

45 das / was

a) *das* Auto, *das* ich mir gekauft habe
   das Kind, *das* auf der Straße spielte
   } „*das*" bezieht sich auf: *Nomen im Neutrum*

b) *das Beste, was* du tun konntest
   das, was ich wissen wollte
   alles, was ich gehört habe
   } „*was*" bezieht sich auf: *Adjektiv, Pronomen, Zahlwort*

c) *Du bist sehr spät gekommen, was* allen aufgefallen ist.
   Das Essen war sehr gut, was alle bestätigten.
   } „*was*" bezieht sich auf einen *ganzen Satz*

„*das*" bezieht sich auf ein *Nomen im Neutrum* (a).
„*was*" bezieht sich auf ein *Adjektiv, Pronomen, Zahlwort* (b) oder auf einen *ganzen Satz* (c).

Test 44

Ergänze „*das*" oder „*dass*":

1. _____ Essen und _____ Trinken

2. _____ ist ein Buch, _____ wir alle gern gelesen haben.

3. Ich habe _____ bereits erledigt.

4. Wir erfuhren, _____ ein Unglück passiert sei.

5. _____ neue Auto wurde beschädigt.

6. _____ der Vater besorgt war, kann ich verstehen.

7. Ich hoffe, _____ ihr mir helft.

8. _____ alles deutet darauf hin, _____ er viel zu tun hat,

   aber _____ täuscht.

9. Die Oma betrachtet ihren Enkelsohn. „Weißt du, Markus, _____ du große

   Ähnlichkeit mit mir hast?",,_____ macht nichts, Oma. Männer müssen nicht

   schön sein."

Test 45

Ergänze „*das*" oder „*was*":

1. Das Erlebnis, _____ er erzählte, war lustig.

2. Manches, _____ er erzählte, kannte ich schon.

3. Er erzählte lange, _____ einige Zuhörer schließlich langweilte.

4. Wir wussten nicht, _____ wir machen sollten.

5. Wir schalteten das Radio ein, _____ aber auch kein interessantes Programm hatte.

6. Wir gingen früh schlafen, _____ aber den meisten nicht gefiel.

46 Datum

	Tag	Monat	Jahr		Tag	Monat	Jahr
Berlin, den	*7.*	*1.*	*2002*	*Berlin, den*	*7.*	*Januar*	*2002*
Berlin, den	*07.*	*01.*	*2002*	*Berlin, den*	*07.*	*Jan.*	*2002*

Ich erinnere mich noch genau, dass der *7. 1. 2002* ein Montag war.

> Nach dem **Ort** steht ein Komma, nach dem **Tag** steht ein Punkt.
>
> **Monate** können als Wort oder Zahl geschrieben werden, ein Punkt steht nur nach der Zahl oder dem abgekürzten Monatsnamen.
>
> Nach der **Jahreszahl** steht **kein Punkt.**

47 derselbe / der gleiche

Sie trägt immer *dieselben* Jeans.

Sie trägt *die gleichen* Jeans wie die andern Schülerinnen.

5 Jahre hat er *dasselbe* Auto gefahren.

Danach hat er sich *das gleiche* Auto noch einmal gekauft.

> *„derselbe/dieselbe/dasselbe"* (ein Wort!) bedeutet: **kein(e) andere(r)/anderes.**
>
> *„der/die/das gleiche"* (zwei Wörter!) bedeutet: **etwas anderes, aber Ähnliches.**

Test 46

Ergänze die Satzzeichen:

Hamburg   den   1   April   2002
München   den   5   5   02
Kolumbus entdeckte am   12   10   1492   Amerika.
Sie lernten sich in Berlin kennen am   14   März   1992.

> **Saerbeck.** Am 7./8. September feiert der Saerbecker Kinder- und Jugendchor sein 25-jähriges Bestehen. Zum Festnachmittag mit Konzert am 7. September sind auch die ehemaligen Chormitglieder eingeladen.

Test 47

Fülle die Lücken aus:

1. Wir haben bei <u>dem   </u> Lehrer Unterricht wie ihr.

2. Wir benutzen <u>die   </u> Schulbücher.

3. Wir schreiben aber nicht <u>die   </u> Klassenarbeiten.

4. Ich gehe auf <u>die   </u> Schule wie mein Freund.

deutsch (Deutsch)

48 deutsch / Deutsch: *Adjektiv*

	Gehört zum Eigennamen:
das **d**eutsche Volk	die **D**eutsche Bahn (DB)
die **d**eutsche Sprache	das **D**eutsche Rote Kreuz (DRK)
der **d**eutsche Wald	die **D**eutsche Lufthansa
die **d**eutsche Musik	die **D**eutsche Bundespost …
der **d**eutsche Wein …	

> Das *Adjektiv* „deutsch" wird **großgeschrieben,** wenn es zu einem **Eigennamen** gehört.

➡ *Adjektive, die zu Eigennamen gehören* (Kap. 6)

49 Deutsch / deutsch: *Nomen, Adverb*

Nomen:

Im **D**eutschen gibt es 4 Fälle.

ins **D**eutsche übersetzen

Er lernt **D**eutsch.
Er kann **D**eutsch.
Sein **D**eutsch ist gut.
Er versteht **D**eutsch.

auf **D**eutsch

Deutsch sprechen
(die deutsche Sprache als *Nomen*)

Adverb:

deutsch sprechen

deutsch schreiben

sich **d**eutsch unterhalten …

(*deutsch* als *Adverb* beschreibt das „Wie")

Ebenso: *englisch, französisch* …

> Als *Nomen* schreibt man „Deutsch" (= deutsche Sprache) **groß.**
>
> Als *Adverb* schreibt man „deutsch" **klein.**
> (Frage: Wie …?)

Test 48

Groß oder **klein?**

1. die _____ Autobahnen 2. die _____ Meisterschaft 3. die _____ Sprache 4. der _____ Gewerkschaftsbund (DGB) 5. die _____ Städte 6. das _____ Rote Kreuz (DRK) 7. der _____ Fußball-Bund (DFB) 8. die _____ Rechtschreibung 9. die _____ Presse-Agentur (dpa)

Test 49

Groß oder **klein?**

1. Zwei Ausländer unterhalten sich auf ____eutsch.

2. Sie sprechen ein gutes ____eutsch.

3. Beide haben ____eutsch im Ausland gelernt.

4. Was heißt „Haus" auf ____ranzösisch?

5. Kannst du diesen Brief ins ____nglische übersetzen?

6. Der Brief ist ____eutsch geschrieben.

7. Dieses Fremdwort kommt aus dem ____ateinischen.

50 dieses / dies

Ich will *dieses Buch* lesen.   Hast du *dies* gelesen? (= es)
Dieses bunte Foto gefällt mir.   *Dies* gefällt mir. (= es)

> „*dieses*" steht **vor** einem **Nomen.**
> „*dies*" sollte gebraucht werden, wenn „*dieses*" ohne
> Bezugswort **allein** stehen würde.

→ *das/dass* (Kap. 44)

51 drei gleiche Buchstaben

Balletttänzerin   *Ballett-Tänzerin*
Schifffahrt   *Schiff-Fahrt*
volllaufen lassen
Schwimmmeisterschaft   *Schwimm-Meisterschaft*
seeerfahren   *See-erfahren*

> Wenn *drei gleiche Buchstaben* aufeinandertreffen,
> werden **alle drei geschrieben.**
> Sie können auch durch Bindestrich getrennt werden
> um besser lesbar zu sein.

⚡ **Vorsicht:**

den-noch, Drit-tel, Mit-tag (nur zwei Buchstaben!)

→ *Bindestrich bei zusammengesetzten Nomen* (Kap. 34)

52 du, dich, dein, euch …

Heute darfst *du* länger schlafen.
Wie geht es *dir* und *deiner* Mutter?

> „*du, dich, dein, euch …*" werden immer **klein-
> geschrieben,** auch in Briefen.

→ *Sie, Ihr, Ihnen* (Kap. 143); *Brief* (Kap. 39)

D

Test 50

Fülle die Lücken mit „*dieses*" oder „*dies*":

1. _____ ist ihm gut gelungen. 2. Ich will _____ nicht bestreiten. 3. _____ ist meine Meinung. 4. _____ teure Buch habe ich geschenkt bekommen. 5. Ich kann _____ alles nicht vergessen.

Dieses Buch gefällt mir!

Test 51

Finde das zusammengesetzte Wort:

1. Eine Pflanze, deren Blätter auf der Haut brennen:

_____

2. Langsames Tempo; die Auto fahren nur so schnell, wie ein Fußgänger geht:

_____

3. Ein schneller Läufer:

_____

Test 52

Ergänze die Lücken im folgenden Brief:

Liebe Stefanie,

über _____ Brief habe ich mich sehr gefreut. Ich kann mir gut vorstellen,

dass es _____ und _____ Freund auf Kreta gut gefällt.

Erholt _____ gut. Bis bald.

53 ebenso

ebenso große Häuser
ebenso schönes Wetter
ebenso viele
ebenso wenige

ebenso gern
ebenso häufig
ebenso oft
ebenso sehr
ebenso weit

ebenso viel
ebenso wenig

> „ebenso" und darauf folgende Wörter werden immer **getrennt geschrieben.**

54 eigen / Eigen

Adjektiv:

mein eigenes Zimmer
mit eigenen Augen sehen

Nomen:

etwas Eigenes besitzen
sein Eigen nennen
sich zu Eigen machen
zu Eigen geben

> Als **Nomen** schreibt man „Eigen" **groß.**

55 -end

anwesend
die anwesenden Zuhörer

abwesend
die abwesenden Schüler

unwissend
ein unwissendes Kind

die Anwesenheit

die Abwesenheit

die Unwissenheit

> „anwesend, abwesend, unwissend …" werden mit -d- geschrieben.
>
> In den **Nomen** „Anwesenheit, Abwesenheit, Unwissenheit …" gibt es dagegen **kein** -d-.

Test 53

Ergänze „*ebenso*":

1. Wir hätten _____ gut an die See fahren können.

2. Ich wäre _____ gern nach München gefahren.

3. Es waren _____ viele Besucher gekommen wie im letzten Jahr.

4. Ich bin _____ sehr erfreut wie Sie.

5. Gaby ist _____ alt wie ihre Freundin.

Test 54

Ergänze *eigen* oder *Eigen*:

1. Jeder benutzt sein _____ Wörterbuch.

2. Dieses Haus gehört meinem Vater, es ist sein _____.

Test 55

Ergänze -d- (falls nötig):

1. die Abwesen____heit des Nationalspielers

2. Der Nationalspieler war leider abwesen____.

3. die Überlegen____heit der Mannschaft

4. Der Angriff war entscheiden____.

5. die Entschieden____heit des Angriffs

6. Die Siegerehrung wurde in Anwesen____heit des Präsidenten vorgenommen.

56 end- / ent-

*end*los *ent*decken
*end*lich *ent*lassen
*end*gültig *Ent*scheidung
Endstation **Ent**täuschung
Endpunkt un*ent*schieden
Endung *ent*lang
… …

> End-/end- kommt von „Ende", Ent-/ent- ist eine **Vorsilbe**.

57 Englische Fremdwörter

① **Adjektiv und Nomen:**

Happyend
(Happy End)
Hotdog
(Hot Dog)

② **Zwei Nomen:**

Comicstrip (Comic-Strip)
Squaredance (Square-Dance)
Countrymusic
Worldcup

③ **Verb und Präposition/Adverb:**

Come-back (Comeback)
Count-down (Countdown)

aber: *Pullover, Ketschup*
 (Ketchup)

> ①② **Zusammengesetzte englische Nomen** werden im Deutschen **zusammengeschrieben**.
>
> ②③ Bei Zusammensetzungen **von Nomen und Nomen** oder **Verb und Präposition/Adverb** kann zur Verdeutlichung auch ein **Bindestrich** gesetzt werden.
>
> ① Bei Verbindungen von **Adjektiv und Nomen** ist auch **Getrenntschreibung** möglich.

→ *Bindestrich* (Kap. 34); *Fremdwörter* (Kap. 65–67)

58 Ernst / ernst

Nomen:

Das ist mein *voller Ernst*.
im *Ernst*
Ich *mache Ernst*.
allen Ernstes …
Es *ist* mir *Ernst*.
(= mein vollkommener Ernst = Nomen!)

sonst:

die Warnung *ernst nehmen*
jemanden nicht *ernst nehmen*
Es wird ernst.
Die Lage *ist* sehr *ernst*.
es *ernst meinen* …
Es ist mir ernst damit
(= vollkommen ernst = Adjektiv!).

> **Nur als Nomen** wird „*Ernst*" **großgeschrieben**.

Test 56

Ergänze -d- oder -t-:

1. einen en____gültigen En____schluss fassen

2. die En____ziffer auf dem Los

3. das En____spiel der Mannschaft

4. der En____spurt

5. die En____lassung des Angestellten

6. en____lich eine En____schädigung bekommen

Endlich Sommer

Die Sonne lacht, es ist heiter und trocken. Endlich gibt es sommerliche Temperaturen um 24 Grad.

Test 57

Zusammen oder mit Bindestrich oder getrennt?

1. Handi/Cap:

2. Happy/End:

3. Fulltime/Job:

Er nimmt mich nicht erust.

Test 58

Groß oder **klein**?

1. Das ist mein _____. 2. Ich mache jetzt _____. 3. Der Vorschlag ist _____ gemeint. 4. Ich nehme die Warnung durchaus _____.

5. Jetzt wird es endlich _____. 6. Das willst du doch nicht allen _____ tun? 7. Das ist eine _____ Drohung!

-eu- | *f-/pf-* | *fast/fasst*

59   *-eu-*, gesprochen wie *-ö-* *(französische Fremdwörter)*

Friseur (auch: Frisör)   Masseur (auch: Massör)
Ingenieur   Monteur
Inspekteur[1]   Redakteur[2]
Kommandeur   Regisseur[3]

> In einigen *Fremdwörtern* schreibt man -eu- statt -ö-.

? [1] Leiter einer Kontrolluntersuchung   [2] Journalist   [3] Künstlerischer Leiter bei einer Theateraufführung oder einem Film

60   *f- / pf-*

Pfand, die Pfandflasche   er *fand*
der *Pfarrer* in der Kirche   der *Fahrer* eines Autos
der *Pfeil* und Bogen   die *Feile*
das *Pferd*   er *fährt*
die *Pflaume*   Mir ist *flau* im Magen.
die *Pflicht* und Schuldigkeit   Sie *flicht* einen Kranz (von: flechten).
der *Pflug* des Bauern   der *Flug* des Vogels
das *Pfund*   *gefunden*

> Unterscheide diese Wörter, die mit *pf-* oder *f-* geschrieben werden, durch deutliches, lautes Sprechen.

61   *fast / fasst*

Es war *fast* zu spät.   Er *fasst* ihn an.
Es kostet *fast* € 100,–.   *gefasst* sein

> „*fast*" (mit -s-) ist ein **Adverb.**
> „*fasst*" ist eine **Verbform** von „*fassen*".

Test 59

Fülle die Lücken aus:

1. der Zeitungs_____

2. der Diplom_____

3. der _____ des Films

4. So ein _____ (= Unglück)!

Elektromonteur
mit Kenntnissen in
Haushaltsgeräten und
Schaltanlagen zum
1. April gesucht.

Test 60

Ergänze:

1. auf dem _____ reiten

2. Er _____ mit dem Auto.

3. Der _____ predigt in der Kirche.

4. der _____ des Autos

5. ein _____ Butter kaufen

6. stets seine _____ tun

Bayerische Vogelschützer haben an alle **Pfarrer** im Freistaat appelliert, ihre Kirchtürme für Fledermäuse offen zu halten. Die Giebel der Gotteshäuser eigneten sich sehr gut als Nistplätze für die vom Aussterben bedrohten Tiere erklärte ein Lande

Test 61

Ergänze *fast* oder *fasst*:

1. Es hätte _____ einen Unfall gegeben. 2. Die Rettung grenzt _____ an ein Wunder. 3. Er _____ einen schweren Entschluss.

4. Der Redner be_____ sich mit einem aktuellen Thema. 5. Er hat die Situation richtig er_____.

Bei uns finden Sie fast alles!!

62 fer- / ver-

fertig
Fertigkeit
fertig bringen
anfertigen
schlagfertig
Abfertigung

verbessern
vergebens
verlieren
anvertrauen
Mitverantwortung
Zuversicht

Beachte: Transfer

„fertig" und alle verwandten Wörter schreibt man mit *-f-*.
ver- ist eine **Vorsilbe.**

63 fiel / viel

viel Geld
viele Freunde
viel größer

Er *fiel* hin.
Das *gefiel* mir.
Er *fiel* um.

„fiel" ist eine Form des **Verbs** „fallen".
„viel" ist ein unbestimmtes **Zahlwort.**

64 Fragezeichen

Direkter Fragesatz:

„Wie geht es dir?"
„Hast du heute Zeit?"
„Wann?"

Indirekter Fragesatz:

Er wollte wissen, *wie es mir gehe.*
Sie fragte, *ob ich heute Zeit habe.*

Es steht **kein** *Fragezeichen* nach dem **indirekten Fragesatz.**

➡ *Kleinschreibung* (Kap. 94)

Test 62

Ergänze -fer- oder -ver-:

1. eine große Mit_____antwortung tragen

2. die sorgfältige An_____tigung der Hausarbeiten

3. Ich bin durchaus zu_____sichtlich.

4. Wir haben _____gebens gewartet.

5. Das wäre sehr un_____nünftig gewesen.

6. Ich muss seine Schlag_____tigkeit bewundern.

Test 63

Ergänze „viel" oder „fiel":

1. Das Auto ge_____ mir gut. 2. Die gute Formgebung _____ mir auf.

3. Es ist aber _____ zu teuer. 4. Außerdem verbraucht es zu _____ Benzin.

Test 64

Ergänze – wo nötig – *Anführungszeichen, Fragezeichen* und *Punkte*:

1. ___Wann sehen wir uns wieder___

2. ___Ich hätte gern gewusst, ___wann wir uns wiedersehen___

3. Ich wurde gefragt, ___wo ich in den Ferien war___

4. Sie fragte mich: ___Wo warst du in den Ferien___ 5. ___Warst du auch in Spanien___

6. Auf die Frage „Wenn___" steht der Dativ.

Fremdwörter

65 *Fremdwörter:* *-g- / -gn-*, gesprochen wie *-sch-*, *-dsch-*, *-nj-*

-sch- (stimmhaft)

das Dragee¹
die Gage²
die Garage
das Gelee
das Genie
der Ingenieur
die Manege³
die Orange
der Passagier⁴
rangieren
die Regie
der Regisseur

das Regime⁵
die Sabotage⁶ ...

-dsch-

der Gentleman
der Gin
der Giro (d'Italia)⁷
der Manager ...

-nj-

der Champagner
der Champignon
der Kognak
(oder Cognac)
der Kompagnon⁸ ...

Beratung · Verkauf · **Montage**
Kundendienst für alle Geräte

> Manche **Fremdwörter** werden mit *-g-/-gn-* geschrieben, aber mit *-sch-*, *-dsch-*, *-nj-* ausgesprochen.

? ¹ Tablette ² Bezahlung bei Künstlern ³ runde Fläche im Zirkuszelt ⁴ Fahrgast ⁵ Herrschaft, (diktatorische) Regierungsform ⁶ absichtliche Behinderung oder Zerstörung ⁷ Profiradrennen in Italien ⁸ Teilhaber eines Geschäfts

66 *Fremdwörter:* **im Plural**

das Album	Alben	der Lift	Lifts, Lifte
das Aroma¹	Aromas, Aromen, Aromata	der Magnet	Magnete, Magneten
der Atlas	Atlanten, Atlasse	das Mineral	Minerale, Mineralien
der Balkon	Balkons, Balkone	das Minimum	Minima
die Basis	Basen	das Museum	Museen
das Datum	Daten	der Park	Parks
das Dogma²	Dogmen	der Rhythmus⁵	Rhythmen
das Drama³	Dramen	das Risiko	Risiken, Risikos
das Examen	Examen, Examina	das Schema⁶	Schemas, Schemata, Schemen (⚡ nicht: Schematas)
die Firma	Firmen		
der Genus	Genera	das Stipendium	Stipendien
das Gremium⁴	Gremien	das Tempus	Tempora
das Gymnasium	Gymnasien	das Thema	Themen, Themata
der Karton	Kartons	der Typ	Typen
der Kaktus	Kakteen	die Villa	Villen
das Konto	Konten, Kontos	das Virus	Viren
das Lexikon	Lexika	der Zyklus⁷	Zyklen ...

> Diese *Fremdwörter* haben **unregelmäßige Plurale.**
> Wenn du Zweifel hast, schau lieber im Rechtschreibduden nach!

? ¹ Duft-, Geschmacksstoff ² Glaubenssatz ³ Schauspiel ⁴ Ausschuss ⁵ Takt ⁶ Muster, Darstellung ⁷ Reihe, Kreislauf

Test 65

→
3. Fahrgast
5. Apfelsine
6. Techniker
7. Profiradrennen in Italien
   (nur erstes Wort des Ausdrucks)

↓
1. Bezahlung für Künstler
2. Art Marmelade
4. sehr begabter Mensch

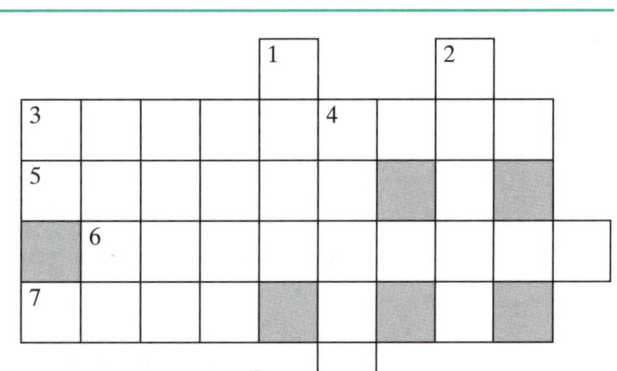

Das Gelee schmeckt mir!

Test 66

Der **Plural** von

1. Thema
2. Lexikon
3. Drama
4. Tempus
5. Risiko
6. Konto
7. Datum

Wie heißt das Wort in den stark umrandeten Feldern?

67 Fremdwörter *(mehrgliedrige)*

Nomen:

Corpus Delicti[1]
Softdrink (*Soft Drink*)
Desktop-Publishing
(*Desktoppublishing*)

Adverbiale Fügungen:

in flagranti[2]
de facto[3]
par excellence[4]

> *Mehrgliedrige Fremdwörter* (Nomen + Nomen) werden **großgeschrieben** und meist getrennt oder mit Bindestrich.
>
> Das gilt aber **nicht** für adverbiale Fügungen.

⚡ **Vorsicht:** *Status quo*   Bei anderen Wortverbindungen (Nomen + Nicht-Nomen)
Cordon bleu   wird der zweite Teil **kleingeschrieben.**
Terra incognita

→ englische Fremdwörter (Kap. 57)

? [1] Beweisstück (eines Verbrechens)   [2] lat.: auf frischer Tat (ertappen)   [3] lat.: tatsächlich
[4] frz.: vorzugsweise, schlechthin

68 -g / -k

Sie *sang* ein *Lied.*	(sin*g*en)	Das Schiff *sank.*	(sin*k*en)
Schwun*g*	(Schwün*g*e)	Tan*k*	(Tan*k*er)
en*g*	(en*g*er, En*g*e)	Fabri*k*	(Fabri*k*en)
fol*g*lich	(fol*g*en)	Kran*k*heit	(krän*k*er, Kran*k*e)
schla*g*fertig	(schla*g*en)	dan*k*bar	(dan*k*en) …

> Wenn du beim Sprechen eines Wortes das **-g** oder **-k** nicht deutlich hören kannst, so verlängere das Wort, indem du den **Plural,** die **Steigerung** oder andere verwandte Formen bildest.

69 *ganze / alle*

der *ganze* Betrieb   *alle* Betriebe
die *ganze* Familie   *alle* Familien
das *ganze* Land   *alle* Länder

> Der **Plural** von „*der / die / das ganze*" ist „*alle*".
> (⚡ **nicht:** „die ganzen"!)

Test 67

Setze die entsprechenden *Fremdwörter* ein:

1. Boris Becker galt als <u>der</u> deutsche Tennisspieler _____.

2. **Diebe mit Kleidern am Leib erwischt**

   _____ hat die Bremer Polizei zwei Diebe erwischt, die ein Hemd und eine Weste vom Kleiderständer eines Geschäfts in der Norderstraße gestohlen hatten. Sie trugen die geklauten Sachen, das _____, bei ihrer Festnahme am Busbahnhof noch am Leib.

Test 68

Ergänze -g- oder -k-:

1. der Gesan____ (singen) 2. der Gestan____ (stinken)

3. das Geschen____ (schenken) 4. herzlichen Dan____

5. einen guten Vorschla____ machen 6. Das ist ein vorzü____liches Ergebnis.

7. Die Firma hat einen wichtigen Auftra____ bekommen.

8. Der Vertreter flo____ nach Amerika. 9. Die neue Jacke ist mir zu en____.

Frisch vom Fang
Muscheln
geputzt und gewaschen 1 kg **3.50**

Test 69

Ergänze „ganze" oder „alle":

1. _____ Geschäfte sind heute geschlossen. 2. Die _____ Fußgängerzone ist menschenleer. 3. Das _____ Zimmer muss aufgeräumt werden.

4. _____ Spielsachen liegen herum. 5. Wo sollen wir mit _____ Spielsachen hin?

70 gar nicht / gar kein

gar nicht
gar nichts
gar kein

> „*gar nicht(s)*" und „*gar kein*" werden in **zwei Wörtern** geschrieben.

71 geben

er gibt   *ausgiebig*
er vergibt   *ergiebig*
gib!   *nachgiebig*

! **Beachte:** freigebig

> Die Formen des Verbs „*geben*" werden nur mit -*i*- geschrieben.
>
> „*ausgiebig, ergiebig, nachgiebig*" werden mit -*ie*- geschrieben.

72 Geld / gelt-

Geld verdienen   als ehrlich *gelten*

viel *Geld* haben   die *Geltung*

Geld ausgeben   das *Entgelt* (= der Lohn)

das *Taschengeld*   *unentgeltlich* (= gratis)

                              entgelten (= bezahlen)

> „*Geld*" (= Währung) schreibt man mit -*d*-.
>
> Das Verb „*gelten*" und alle verwandten Wörter schreibt man mit -*t*-.

G

Test 70

Ergänze „gar":

1. Es gab _____ keine Schwierigkeiten. 2. Es war _____ nichts passiert.

3. Sie hatte es _____ nicht bemerkt. 4. Die Prüfung war _____ nicht schwierig.

5. Es wurden _____ keine schwierigen Fragen gestellt. 6. Sie war _____ nicht aufgeregt gewesen.

Test 71

Fülle die Lücken aus:

1. G_____b mir das Buch! 2. Sie g_____bt mir endlich mein Buch zurück.

3. Die Mutter ist zu nachg_____big.

4. Das g_____bt es doch nicht!

5. ausg_____big feiern 6. freig_____big sein

> Zu kaufen gesucht: Wer gibt liebes und erfahrenes Turnierpony (Endmaß) für Dressur und Springen an Anfängerkind ab? Kommt in liebevolle Hände.

Test 72

Ergänze -d- oder -t- :

1. unentgel_____lich arbeiten

2. das Taschengel_____

3. viel Gel_____ verdienen

4. gut zur Gel_____ung kommen

5. diese Ausrede nicht gel_____en lassen

6. die Gel_____buße

7. als reich gel_____en

LIEBST DU MICH WIRKLICH...? ODER NUR MEIN GELD...?

73 Geldbeträge

3,50 €	oder:	€ 3,50	Schweiz: *Fr. 3.50*
5 €	oder:	5,– €	
	oder:	5,00 €	

> Zwischen *Euro- und Centbeträgen* steht ein **Komma.**
>
> Wenn keine *Centbeträge* vorhanden sind, kann man das durch einen **Gedankenstrich** oder durch **…,00** (€) nach dem Komma ausdrücken.
>
> Die Abkürzung € kann **vor** oder **hinter** dem Betrag stehen.

Beachte:

10 – 25 000 (erste Zahl = 10)   Bei Angabe einer *Geldspanne* unbedingt auf
10 000 – 25 000 (erste Zahl = 10 000)   **Eindeutigkeit** achten!

Getrenntschreibung

74 Getrenntschreibung: *Adjektive* und *Verben*

Infinitiv:	kurz treten	→	*kürzer treten*
	leicht fallen	→	*leichter fallen*
Partizip:	dicht bevölkert	→	*dichter bevölkert*
	schwer verständlich	→	*schwerer verständlich*

> *Adjektiv* und das folgende *Verb* werden **getrennt geschrieben,** wenn man das *Adjektiv* bei gleichem Wortsinn steigern kann.

Vorsicht:

Ein Wort „großschreiben"   Man kann nicht steigern zu „*größer schreiben*"
(= „*mit großen Anfangsbuchstaben*"):   im Sinn von „*mit größeren Anfangsbuchstaben schreiben*".

75 Getrenntschreibung: *Adverbien und Verben I*

aufeinander prallen   *müßig gehen*
nebeneinander stellen   *wichtig machen*

vorwärts kommen   *heimlich tun*
aufwärts gehen   *verständlich machen*

> **Adverbien** auf *-einander, -wärts, -ig, -isch, -lich* und das *folgende Verb* werden **getrennt geschrieben.**

Test 73

Schreibe die *Geldbeträge* als Zahlen:

1. einhundert Euro: _____

2. einen Euro zwanzig: _____

3. neun Euro achtzig: _____

4. zwölf Euro fünfzig: _____

> Herren-Sport-Sakkos, in klassischen Dessins **98.-**

Test 74

Ein Wort oder zwei Wörter?

1. froh/locken: _____

2. schön/schreiben: _____

3. genau/genommen: _____

4. nahe/bringen: _____

Test 75

Ein Wort oder zwei Wörter?

1. durcheinander/werfen: _____

2. übrig/bleiben: _____

3. auswendig/lernen: _____

Getrenntschreibung

76 Getrenntschreibung: *Adverbien* und *Verben II*

anheim stellen　　*dahinter kommen*
überhand nehmen　*darin liegen*
vorlieb nehmen　　*darüber stehen*
beiseite nehmen　　*darunter liegen*
zugute kommen　　*davor schieben*

> Verbindungen von *Adverbien* und *Verben* wie „*anheim, überhand, vorlieb, dahinter, darin, darüber, darunter, davor*" werden **getrennt geschrieben.**

⚡ **Vorsicht:**

drauflegen, drüberfahren, drunterstellen, drinliegen.

Kurzformen wie *drin-, drauf-* usw. können mit den Verben zusammengeschrieben werden.

77 Getrenntschreibung: *Infinitiv, Partizip, Nomen* und *Verb*

Infinitiv + Verb:	**Partizip + Verb:**	**Nomen + Verb**
sitzen lassen	*gefangen nehmen*	*Angst haben*
fallen lassen	*verloren gehen*	*Rad fahren*
spazieren gehen	*rasend werden*	

> Verbindungen von *Infinitiv, Partizip* oder *Nomen* und *Verb* werden **getrennt geschrieben.**

➡ *Infinitive als Nomen* (Kap. 88); *Zusammenschreibung von Nomen* (Kap. 199); *Auto fahren* (Kap. 28)

78 Getrenntschreibung: „sein"

da sein　　　Ich *bin da.*
hier sein　　Ich werde morgen *hier sein.*
um sein　　　Die Zeit *ist um gewesen.*

> Alle Verbindungen mit dem Verb „*sein*" (*bin, bist, ist, sind, war* ...) werden **getrennt geschrieben.**

➡ *Zusammenschreibung von Nomen* (Kap. 199)

Test 76

Ein Wort oder zwei Wörter?

1. dahinter/kommen: _____

2. die Entscheidung anheim/stellen: _____

3. das Buch drauf/legen: _____

Test 77

Ein Wort oder zwei Wörter?

1. kennen/lernen: _____

2. spazieren/gehen: _____

3. geschenkt/bekommen: _____

4. Bescheid/geben: _____

Test 78

Ein Wort oder zwei Wörter?

1. beisammen/sein: _____

2. vorbei/sein: _____

3. zurück/sein: _____

79 hängen / henken ...

hängen
auf**häng**en
der An**häng**er
die **Häng**ematte
ab**häng**ig

der **Henk**er
die **Henk**ersmahlzeit

der **Henk**el

! **Beachte:** der *Gehenkte,* auch: *Gehängte*

> „hängen" und alle verwandten Wörter schreibt man mit -ä-.
>
> „Henker..." kommt von „henken".

80 hast / hasst

haben:

du hast

hassen:

du hasst
der Hass
hässlich

> „du hast" (mit -s-) kommt von **„haben"**.
>
> „du hasst" (mit -ss-) kommt von **„hassen"**.

! **Beachte:** die Hast
   ohne Hast
   hastig

81 Haus (nach Hause / zu Hause)

nach Hause gehen[1]
nach Hause kommen

zu Hause sein[2]
von Haus zu Haus

> „nach Hause gehen/kommen, zu Hause sein" schreibt man **getrennt.**

⚡ **Vorsicht:** der Nachhauseweg, das Nachhausekommen, das Zuhause (= Nomen).

? [1] österr./schweizer. auch: nachhause   [2] österr./schweizer. auch: zuhause

Test 79

Ergänze:

1. das Bild auf_____

2. den Topf am _____ anfassen

3. unab_____ sein

4. Lkw mit An_____

5. die _____mahlzeit

6. Das _____ ganz von dir ab.

7. in der _____matte liegen

Test 80

Ergänze:

1. _____ du ihn gesehen?

2. Du magst ihn nicht; du _____ ihn.

3. Sie arbeiteten ohne _____.

4. Erzähle, was du erlebt _____.

Test 81

Fülle die Lücken aus:

1. Wir gehen jetzt _____.

2. Jetzt sind wir _____.

3. ein schönes _____ haben

4. der lange _____weg

82 Herr

	Singular	Plural
Nominativ	der Herr	die Herren
Genitiv	des Herrn	der Herren
Dativ	dem Herrn	den Herren
Akkusativ	den Herrn	die Herren

> Der **Plural** von „*Herr*" ist „*Herren*"!

83 holen / hohl

Hol die Zeitung! Der Baum ist *hohl*.
jemanden *abholen* der *hohle* Baum
sich *erholen* die *Höhle*

! **Beachte:** *unverhohlen* (= ganz offen)

> Das Verb „*holen*" und alle Ableitungen schreibt man ohne *-h-*.
>
> „*Höhle*", „*hohl*" und alle verwandten Wörter schreibt man mit *-h-*.

84 hundert / tausend

hundert *tausend*
hundert Euro *tausend Euro*
hunderte (Hunderte) von Leuten *tausende (Tausende) von Leuten*
hundertmal *tausendmal*
einige hundert (Hundert) Male *viele tausend (Tausend) Male*

> „*hundert*" schreibt man hinten mit *-t*, „*tausend*" mit *-d* und beides klein.
> Wenn es als Nomen im Plural steht, kann man groß- oder kleinschreiben.

Test 82

Ergänze:

1. Ich möchte mit _____ Müller sprechen.

2. Die beiden _____ sind im Büro.

3. „Meine Damen und _____!"

4. Grüßen Sie bitte _____ Schmidt von mir.

Herren-Leinenanzüge, einreihige Form, in beige und schwarz **149.-**

Test 83

Ergänze:

1. einen _____ Zahn haben

2. sich in den Ferien _____   3. die Teller aus der Küche _____

4. den Freund vom Bahnhof _____   5. der _____raum

6. der _____spiegel

Test 84

Schreib die Zahlen aus:

1. € 200,–: _____

2. € 3000,–: _____

3. € 2300,–: _____

4. Das habe ich dir schon _____
   (150-mal als ein Wort) gesagt!

5. Da waren _____ (100 im Plural!) von Menschen!

85 -ig / -lich

eilig	(Eile)	endlich
freiwillig	(Wille)	glücklich
heilig	(Heil)	schließlich
langweilig	(Langeweile)	tatsächlich
völlig	(voll)	wirklich
zufällig	(Zufall)	ziemlich

> Bei den Wörtern, die auf **-lig** enden, gehört das **-l-** zum **Wortstamm**; *-ig* ist die Nachsilbe.
>
> *-lich* ist eine **Nachsilbe.**
>
> (Du hörst den Unterschied in der Aussprache nur, wenn du die Wörter **verlängerst**: „der *eilige* Auftrag", „das *glückliche* Kind").

86 immer …

immerhin	immer noch
immerzu	immer mehr
immerfort	immer während
	immer wieder

> In einem Wort schreibt man „*immerhin, immerzu, immerfort*".

87 indirekte Rede

Er sagt: „*Ich komme morgen.*" (= direkte Rede)
Er sagt, *dass* er morgen kommt / komme. (Indikativ oder Konjunktiv!)
Er sagt, *er komme morgen.* (⚡ Achtung: Konjunktiv!)

Er sagte: „*Ich komme morgen.*" (= direkte Rede)
Er sagte, *dass* er morgen kommt / komme. (Indikativ oder Konjunktiv!)
Er sagte, *er komme morgen.* (⚡ Achtung: Konjunktiv!)

> In der *indirekten Rede* kann der **Indikativ** oder der **Konjunktiv** stehen, wenn sie mit „*dass*" eingeleitet wird.
>
> Wenn das einleitende „*dass*" weggelassen wird, muss der **Konjunktiv** stehen.
>
> Wird in der *indirekten Rede* der **Indikativ** verwendet, steht dort auch die Zeit (Präsens usw.), die in der *direkten Rede* steht.

Test 85

Ergänze die *Endungen:*

1. fröhl_____ 2. lächerl_____
3. will_____ 4. persönl_____
5. natürl_____ 6. zieml_____
7. langweil_____ 8. sel_____
9. bill_____ 10. folgl_____ 11. nachteil_____ 12. unglaubl_____
13. ursprüngl_____ 14. nachträgl_____ 15. allmähl_____

> **Auf den Fernstraßen Bayerns** herrschte in beiden Fahrtrichtungen fast 24 Stunden lang zähflüssiger Verkehr. Vor der österreichischen Grenze standen die Fahrzeuge zeitweilig bis zu 50 Kilometern.

Test 86

Ergänze *„immer":*

1. Der Autofahrer beteuerte nach dem Unfall _____ zu seine Unschuld.

2. Er sagte _____ wieder, dass er keine Schuld habe.

3. Es gab _____ hin keine Augenzeugen, die den Unfall gesehen hatten.

Test 87

Verwende die *indirekte Rede:*

Sie erzählte: „Ich habe gestern Peter getroffen."

Sie erzählte, dass _____

Sie erzählte, sie _____

> **Beim Absturz** eines Touristenflugzeuges auf den Flughafen der südfranzösischen Stadt Nizza sind am Freitag die drei Passagiere getötet worden. Die Polizei teilte mit, der schwer verletzte Pilot sei in ein Krankenhaus gebracht worden. Er habe offenbar aus ungünstiger Position zur Landung angesetzt. Die Wetterbedingungen zum Zeitpunkt des Unglücks waren gut.

Infinitive | interessant

88 Infinitive

stehen: das **Stehen**
hoffen: das **Hoffen**
schlafen: das **Schlafen**

> *Infinitive*, die als *Nomen* gebraucht werden, schreibt man **groß**.

→ *Zusammenschreibung von Nomen* (Kap. 199)

Wir setzen Akzente für schöneres **Wohnen**.

• Schlüsselfertiges **Bauen** zum Festpreis

89 interessant

Silbentrennung:

das interessante Buch — in-ter-es-sant / *in-te-res-sant*
Interesse haben — In-ter-es-se / *In-te-res-se*
uninteressant — un-in-ter-es-sant / *un-in-te-res-sant*

> „*interessant, Interesse*" und alle verwandten Wörter werden nur mit einem -r- geschrieben.

→ *Silbentrennung* (Kap. 144)

Test 88

Ergänze:

(Verhalten/verhalten:) 1. Er hätte sich anders _____ müssen.

2. Sein _____ ist nicht zu billigen.

(Leben/leben:) 3. Wir möchten in Frieden _____.

4. Nie im _____ !

5. sein _____ genießen

(Vertrauen/vertrauen:) 6. kein _____ haben

7. den Freunden _____

Test 89

Komm, wir essen eine Bockwurst!

Der Vorschlag ist sehr _____.

90 irgend ...

irgend**wer**
irgend**ein**
irgend**jemand**
irgend**wann**
irgen**detwas**

irgend**was**
irgend**welche**
irgend**wie**
irgend**wo**

> „*irgend*" schreibt man mit -d.
>
> Mit einem dazugehörigen Pronomen oder Adverb wird „*irgend*" immer zusammengeschrieben.

Vorsicht:
wenn irgend möglich ...
irgend so ein Bettler ...

91 ist / isst

Sie *ist* Lehrerin.
Er *ist* nicht reich.
Er *ist* im Restaurant. (= befindet sich)

Sie *isst* Kuchen.
Er *isst* keinen Fisch.
Er *isst* im Restaurant. (= speist)

> „*ist*" kommt vom Hilfsverb „*sein*".
>
> „*isst*" kommt von „*essen*".

92 -jährig / jährlich

Dauer:

die *vierteljährige* Probezeit
der *dreiwöchige* Urlaub
die *zweimonatige* Regenzeit

Wiederholung:

die *vierteljährliche* Abrechnung
das *dreiwöchentliche* Treffen
die *zweimonatliche* Planung

> Zeitangaben, die auf -ig enden, wie z.B. „*-jährig*", bezeichnen eine **Dauer**.
>
> Zeitangaben auf -lich, wie z.B. „*jährlich*", bezeichnen eine **Wiederholung**.

Test 90

Ergänze „*irgend*":

1. Hat heute _____ jemand nach mir gefragt? 2. Hat heute _____ wer angerufen? 3. Gibt es _____ welche Schwierigkeiten? 4. Soll noch _____ was geändert werden? 5. Noch _____ welche Fragen?

Test 91

Ergänze „*ist*" oder „*isst*":

1. Der Fisch _____ frisch.

2. Sie _____ den Fisch.

3. _____ du auch gern Fisch?

4. Der Fisch _____ in der Pfanne.

Test 92

Ergänze die Endungen:

1. von einer zweimonat_____ Forschungsreise zurückkommen

2. das jähr_____ Betriebsfest

3. die halbjähr_____ Zinszahlung

4. die vierjähr_____ Amtszeit des Präsidenten

5. die dreitäg_____ Hochzeitsfeier

93 klar …

klar sein	klarkommen	(= zurechtkommen)
klar werden	klarlegen	(= erklären)
klar denken	klarmachen	(= deutlich machen)
klar sehen	klarstellen	(= Irrtum beseitigen)
klar denkend	klarwerden	(= verständlich werden)

> „klar" wird mit dem Verb **zusammengeschrieben,** wenn durch die Verbindung eine neue Bedeutung entsteht.

! Beachte:

„im Klaren sein, ins Klare kommen" wird in mehreren Wörtern und großgeschrieben, weil Adjektive als Nomen großgeschrieben werden.

→ *Getrenntschreibung: Adjektive und Verben* (Kap. 74); *Adjektive als Nomen* (Kap. 5)

Kleinschreibung

94 *Kleinschreibung:* nach *Ausrufe-* und *Fragezeichen*

„Grüß dich*!",* rief er.
„Wann kommst du wieder*?",* fragte ich.

> Wenn nach der *direkten Rede* der Sprecher angegeben wird, schreibt man nach *Ausrufezeichen* und *Fragezeichen* **klein.**
>
> Nach *!"* und *?"* steht ein **Komma,** wenn der Sprecher genannt wird oder der übergeordnete Satz (Hauptsatz) folgt.

→ *Anführungszeichen bei der direkten Rede* (Kap. 15)

K

Test 93

Ergänze „*klar*":

1. dem Schüler die Regel _____ machen

2. ein Missverständnis _____ stellen

3. sich über die Schwierigkeiten _____ werden

4. über alle Schwierigkeiten im _____ sein

5. er ist ein _____ Kopf.

Test 94

Groß oder **klein,** mit oder ohne Komma?

1. „Wie geht es dir?" _____ er. (fragte)

2. „Komm bald wieder!" _____ sie. (rief)

3. „Gern, wenn du Zeit hast!" _____ er. (meinte)

Kleinschreibung

95 *Kleinschreibung:* von „verblassten Nomen"

in Frage kommen/stellen	oder:	*infrage*
in dieser Folge	aber:	*infolge(dessen)*
auf Grund	oder:	*aufgrund*
im Grunde genommen		
zu Grunde	oder:	*zugrunde gehen/richten*
zu Gunsten	oder:	*zugunsten*
an der Hand halten	aber:	*anhand von*
nach Hause		
zu Hause		
mit Hilfe	oder:	*mithilfe*
zu Lasten		*zulasten von*
zu Leide tun	oder:	*zuleide tun*
aus Liebe	aber:	*zuliebe*
in der Mitte	aber:	*inmitten*
zu Mute sein	oder:	*zumute sein*
		vonnöten
am Rande stehen/zu Rande kommen	aber:	*zurande kommen*
den Rat hören/zu Rate ziehen	aber:	*zurate ziehen*
sich zu Schulden kommen lassen	oder:	sich *zuschulden* kommen lassen
auf Seiten	oder:	*aufseiten*
		beiseite
von Seiten	oder:	*vonseiten*
außer Stande	oder:	*außerstande*
im Stande	oder:	*imstande sein*
in Stand halten	oder:	*instand halten*
zu Stande bringen	oder:	*zustande bringen*
an Stelle	oder:	*anstelle*
zum Teil	aber:	*zuteil werden*
mein Wille	aber:	*um ... willen*
zur rechten Zeit	aber:	*beizeiten*
zur Zeit (von jmd. ...)	aber:	*derzeit, zurzeit* (= gerade jetzt)
ohne Zweifel	aber:	*zweifelsohne*

> *Nomen,* die zu *adverbiellen* oder *präpositionalen* Ausdrücken *„verblasst"* sind, schreibt man oft **klein** und **zusammen** mit „ihrer" *Präposition.*

⚡ **Vorsicht:**

Nur zusammen schreibt man: *anstatt*
  inmitten
  zuliebe

Nur getrennt dagegen: *zu Ende*
  zu Fuß
  unter der Hand

Fülle die Lücken aus:

1. (g/G:) Im _____ runde genommen ist das nicht schlimm.

2. (h/H:) Das geschieht heute mit _____ ilfe des Computers.

3. (l/L:) a) Tu es mir zu_____ iebe!

   b) Ich tue es nur aus _____ iebe zu dir.

4. (s/S:) a) Ein anderer wäre dazu außer_____ tande.

   b) Du aber bist dazu _____ tande.

5. (z/Z:) Wir müssen uns bei_____ eiten vorbereiten.

6. (f/F:) Das kommt nicht in _____ rage!

Raumschiff

Moskau (dpa). – Russland hat am Sonntag ein unbemanntes Raumschiff ins All geschossen, das die derzeit mit drei Astronauten besetzte Weltraumstation mit neuen Vorräten und technischen Geräten versorgen soll.

Komma

96 *Komma:* bei Aufzählungen

① Peter, Maria, Gaby, Heike und Stephan kommen morgen zu Besuch.

Der Strauß bestand aus roten, weißen, blauen und gelben Blumen.

> Bei *Aufzählungen* steht das *Komma* statt „und"/„oder".

② Das ist guter, geräucherter Schinken.

Das ist guter westfälischer Schinken. (= ein Begriff)

die schwierigen, kostspieligen Versuche

die schwierigen physikalischen Versuche (= ein Begriff)

> Wenn das **zweite Adjektiv** einer *Aufzählung* mit dem folgenden Nomen einen Begriff bildet, steht zwischen dem ersten und dem zweiten Adjektiv *kein Komma*.

➔ *Komma bei nachgestellten Erläuterungen* (Kap. 101)

97 *Komma:* bei Auslassungssatz

Ehre verloren, alles verloren.
(= Wenn die Ehre verloren ist, dann ist alles verloren.)

Gesagt, getan.
So weit, so gut

> Das *Komma* steht **zwischen unvollständigen Sätzen**.

Test 96

① Ergänze die fehlenden *Kommas*:

Lkws Busse Personenwagen stauten sich auf der Autobahn.

Wir fuhren nach München, über Würzburg Nürnberg Ingolstadt.

Zu der Feier lud mein Vater Verwandte Bekannte Nachbarn Kollegen ein.

> Alles, was Stress erzeugt, nennt man Stressoren, also alle Belastungen wie Hitze, Kälte, körperliche Schwerstarbeit, Gefahren, Krankheiten, Schmerzen, Operationen, Lärm, Schreck, Ehrgeiz, schlechte Gerüche, Zeit- und Leistungsdruck, falsche Ernährung, Unruhe, Verkehr, Angst, Ärger usw.

② Ergänze das fehlende *Komma*:

1. eine Flasche edler badischer Wein
2. eine Flasche weißer wohlschmeckender Wein
3. eine Packung echtes Lübecker Marzipan

> AP McAllen – Auf einer Ranch in McAllen (US-Bundesstaat Texas) ist ein weibliches afrikanisches Nashorn geboren worden. Weltweit gibt es nur noch etwa **1200** afrikanische Nashörner.

Test 97

Ergänze die fehlenden *Kommas*:

1. Je eher desto besser.
2. Vielleicht dass es so geht.
3. Wie du mir so ich dir.
4. Wenn schon denn schon.

98 Komma: bei eingeschobenen Sätzen

① **Nebensätze (Gliedsätze):**
Schüler, *die krank sind*, gehen nicht zur Schule.

Schüler gehen nicht zur Schule.
　　die krank sind
　　(Relativsatz)

Er renovierte das Haus, *das er gekauft hatte*, und zog dann ein.

Er renovierte das Haus und zog dann ein.
　　das er gekauft hatte
　　(Relativsatz)

Der Autofahrer sah, *dass die Ampel rot wurde*, und bremste.

Der Autofahrer sah und bremste.
　　dass die Ampel rot wurde
　　(Aussagesatz)

> ...partner als Hausmann. Bei einer Umfrage der Zeitschrift „Wirtschaftswoche" bekannten 78 Prozent der befragten Managerinnen: „Einen Ehemann oder Lebenspartner, **der ausschließlich Hausmann ist**, kann ich mir nicht vorstellen." **fp**

② **Hauptsätze:**
Eines Tages, *es war mitten im Winter*, stand das Reh da.

Eines Tages stand das Reh da.
　　es war mitten im Winter
　　(Hauptsatz)

> Das *Komma* steht **vor** und **hinter** einem Satz, der in einen anderen „eingeschachtelt" ist. ① ②

Test 98

Forme die Sätze um:

① 1. Gaby achtet sehr auf ihre Kleidung, die allen gefällt.
    wie sie glaubt

_____

2. Sie kaufte sich ein Kleid und trug es auf der Party.
    das ihr gut gefiel

_____

> Für Notfälle, bei denen es auf schnellstes ärztliches Handeln ankommt, ist immer der Rettungsdienst der Feuerwehr zuständig.

② 1. Eines Abends _____ ging plötzlich die Tür auf.
    ich wollte gerade ins Bett gehen

2. Vor mir stand _____ mein Bruder.
    er war noch ganz durchnässt

3. Das Unwetter hatte _____ plötzlich eingesetzt.
    als er gerade auf dem Heimweg war

Komma

99 *Komma:* beim *Infinitiv* und *Partizip*

① **Beim erweiterten *Infinitiv***

Ich hatte keine Zeit zu telefonieren.

Ich hatte keine Zeit(,) *vom Betrieb aus* zu telefonieren.

Ich hatte keine Zeit(,) *vorher* zu telefonieren.
   　　　　　　　　　 Erweiterung

Im Gebirge zu wandern, das ist meine größte Freude.

> Der *erweiterte Infinitiv* **kann** durch Komma **abgetrennt** werden.
> Vor Wörtern wie „das" **muss** ein *Komma* gesetzt werden.

⚡ **Vorsicht:**

Wir hatten beschlossen, den Betrag zu überweisen.
Wir hatten den Betrag zu überweisen beschlossen.

> „Wenn man in die falsche Richtung läuft, hat es keinen Zweck, das Tempo zu erhöhen."

Bei Verschränkung mit dem Hauptsatz sollte **kein Komma** gesetzt werden.
Ebenso nicht nach Verben wie „brauchen", „scheinen", „pflegen".

② **Bei *Infinitiven* mit „um zu", „ohne zu", „anstatt zu"**

Ich setzte mich an den Tisch(,) *um zu essen.*

Meine Frau kam in die Küche(,) *(an)statt fernzusehen.*

Sie hörte mir zu(,) *ohne zu antworten.*

> Der *Infinitiv* mit „um zu, ohne zu, anstatt zu" **kann** durch *Komma* abgetrennt werden.

③ **Bei *Partizipien***

Aus vollem Halse *lachend*(,) kam er auf mich zu.

Ihre Wohnung *betreffend*(,) möchte ich Ihnen folgenden Vorschlag machen.

> Die *Partizipialgruppe* **kann** durch *Komma* **abgetrennt** werden, um die Satzgliederung übersichtlicher zu machen.

① Ergänze die fehlenden *Kommas*:

1. Wir halfen mit die Verletzten zu retten.

2. Es war nicht schwierig den Fehler zu finden.

3. Ich hatte keine Lust zu warten.

4. Ich hatte keine Lust mehr noch länger zu warten.

5. Sie versprachen uns zu kommen.

6. Sie versprachen uns rechtzeitig zu kommen.

> ■ **TAXIFAHRER**
> Knapp 40 000 Taxis in Bombay verweigerten am Mittwoch müden Bürgern ihre Dienste. Grund des Streiks: Sie haben es, wie sie sagen, satt, von der Polizei tyrannisiert zu werden. Seit kurzem zwinge man sie, ihre schwarzgelben Droschken nach 15-jährigem Dienst auf Fahrtüchtigkeit untersuchen zu lassen.

> **1919** — Die Nationalversammlung in Weimar beschließt, den 1. Mai künftig als Nationalfeiertag zu begehen.

② Ergänze die fehlenden *Kommas*:

1. Ich hole mir ein Buch um zu lesen.

2. Ohne zu zögern gab sie die richtige Antwort.

3. Wir gingen zu Fuß anstatt zu fahren.

> Sechs von zehn New-Yorkern würden die Stadt verlassen und in einen anderen Ort ziehen, wenn sie könnten. Einer Umfrage zufolge halten sie die Stadt für „gefährlich und schmutzig". Über die Hälfte der Personen erklärte sich mit dem Satz einverstanden, „man müsse verrückt sein, um in New York zu leben".

③ Wo kann hier ein *Komma* gesetzt werden?

1. Immer zwei Stufen auf einmal nehmend rannte er nach oben.

2. Über das ganze Gesicht strahlend umarmte sie mich.

100 Komma: bei Konjunktionen

① *Weder* heute *noch* morgen.

Entweder ich *oder* du.

Sowohl der eine *als auch* der andere.

Sie stiegen ins Auto *und* fuhren nach Hause.

> In der Regel **kein Komma** steht vor den anschließenden Konjunktionen „und", „sowie", „wie", „beziehungsweise", „sowohl – als auch", „oder", „entweder – oder", „weder – noch".

➔ *Komma bei „und"/„oder" (Kap. 102)*

② *Nicht nur* die Arbeitnehmer, *(sondern) auch* die Arbeitgeber.

Belastet werden *einerseits* die Autofahrer, *andererseits* auch die übrigen Verkehrsteilnehmer.

Wir waren *teils* zufrieden, *teils* auch enttäuscht.

> Das *Komma* trennt nur: „nicht nur ... sondern auch", „einerseits ... andererseits", „teils ... teils", „bald ... bald", „je ... desto", „ob ... ob".

③ Nicht Maria, *sondern* Heike ging als Erste nach Hause.

Sie fuhr nicht mit dem Taxi, *sondern* mit dem Autobus.

... arm, *aber* glücklich ...

> Das *Komma* steht immer vor entgegensetzenden Konjunktionen wie „aber", „jedoch", „vielmehr", „sondern".

Ergänze die fehlenden *Kommas:*

1. Weder der eine noch der andere waren pünktlich.
2. Entweder du kommst gleich oder du bleibst zu Hause.
3. Nicht nur Petra sondern auch Gaby fehlten.
4. Einerseits hatten wir viel Spaß andererseits auch viel Mühe.
5. Die Gäste waren teils auf der Terrasse teils im Salon.
6. Sowohl die Verwandten als auch die Freunde waren gekommen.
7. Es war Glatteis an diesem Tag und wir rutschten mehr mit dem Auto als dass wir fuhren.
8. Petra hatte nicht nur eine leichte Erkältung sondern eine schwere Grippe.
9. Sie war nicht nur gestern sondern die ganze Woche nicht in der Schule.
10. Es war ein kalter aber sonniger Tag.

WIR WAREN BEIDE UNPÜNKTLICH!

Ein intelligenter Schüler lernt heute nicht mehr für die Schule oder fürs Leben, **sondern** fürs Abitur.

Komma

101 *Komma:* bei *nachgestellten Erläuterungen*

Peter hatte CDs mitgebracht, *(insbesondere) die neuesten Top-Hits.*
Peter tanzte mit den jungen Frauen, *(und zwar) besonders häufig mit Gaby.*

> Das *Komma* trennt eine *nachgestellte Erläuterung* ab.
>
> Eingeleitet werden solche *Erläuterungen* oft durch Wörter wie *„und zwar, das heißt, zum Beispiel, wie, nämlich, namentlich, insbesondere".*

Beachte:

Der Erfinder der Buchdruckerkunst(,) *Johannes Gutenberg*(,) wurde in Mainz geboren.
Wenn ein **Name** dem Einschub folgt, kann das *Komma* wegfallen.

102 *Komma:* bei „und" / „oder"

① Wir glauben, *dass wir richtig gehandelt haben,* und werden diesen Weg weitergehen.

② Die Arbeit dauerte lange(,) *und ich kam erst spät nach Hause.*
        1. Satz   2. Satz

> ① Das *Komma* **muss** vor „und" oder „oder" **stehen,** wenn ein Zwischensatz eingeschoben ist.
>
> ② Das Komma **kann** vor „und" oder „oder" **stehen,** wenn ein Satz **übersichtlicher gegliedert** werden soll, der aus mehreren selbstständigen Sätzen besteht.

103 *Komma:* bei *Vergleichssatz*

Mein Bruder ist älter als ich.	(Vergleich)
Mein Bruder ist älter, *als ich bin.*	(Vergleichssatz)
Die Wohnung ist größer als die anderen.	(Vergleich)
Die Wohnung scheint größer, *als sie in Wirklichkeit ist.*	(Vergleichssatz)

> Das *Komma* trennt den *Vergleichssatz* ab, nicht den Vergleich.

K

Test 101

Ergänze die fehlenden *Kommas*:

1. Ich kann dich besuchen und zwar schon morgen.

2. Soll ich jemanden mitbringen zum Beispiel Brigitte?

3. Du sollst keinen Krach machen insbesondere nicht nach 22 Uhr.

Test 102

Wo könnte ein *Komma* stehen?

1. Sie haben mich oft besucht und wir saßen bis spät in die Nacht zusammen.

2. „Seid ihr mit meinem Vorschlag einverstanden oder habt ihr noch Einwände?"

3. Weil sie die Schwäche ihres Sohnes kannte und damit er nicht wieder entgleisen sollte schickte sie ihn schon früh nach Hause.

4. Es waren harte Zeiten und um zu überleben nahm man es mit vielen Dingen nicht so genau.

Test 103

Ergänze die fehlenden *Kommas*:

1. Das Wetter war heute besser als gestern.

2. Das Wetter war heute besser als es gestern war.

3. Die Sonne schien wärmer als in den letzten Tagen.

4. Das Wetter war besser als in den Nachrichten vorausgesagt worden war.

5. Das Wetter war auch heute so schlecht wie gestern.

● Bei Rauchern, die vor ihrem 15. Lebensjahr zur Zigarette gegriffen haben, ist das Lungenkrebsrisiko etwa fünfmal so hoch wie bei Menschen, die erst nach dem 25. Lebensjahr mit dem Rauchen begonnen haben.

Kein Mann ist auch nur halb so wichtig, wie er sich nimmt.

104 Langeweile

Langeweile empfinden
etwas *aus Langerweile* tun
mit der Langenweile nicht fertig werden

> Bei dem *Nomen „Langeweile"* kann der erste Teil wie ein *Adjektiv verändert* werden.

105 laut / Laut

Adjektiv:	**Präposition:**	**Nomen:**
(Gegensatz: leise)	(= dem Wortlaut nach)	(= etwas Hörbares)
laut sprechen	*laut Gesetz*	*keinen Laut hören*
laut lachen	*laut Gutachten*	*keinen Laut von sich geben*
die laute Musik		

> Nur als Nomen wird „*Laut*" **großgeschrieben.**

106 leeren / lehren

leeren	*lehren*
leer	*Lehrer, Lehrerin*
Leerlauf	*Lehrbuch*
die Leere	*die Lehre*
	Lehrling

> „*leer*" (Gegensatz: voll) und alle verwandten Wörter schreibt man mit *-ee-*.
>
> „*lehren*" (im Sinne von „unterrichten") und alle verwandten Wörter schreibt man mit *-eh-*.

Test 104

Ergänze die richtige Form von „*Langeweile*":

1. Auf der Party herrschte _____.

2. Alle litten unter der _____.

3. Ich kenne eigentlich keine _____.

Test 105

Ergänze „*laut*" oder „*Laut*":

1. Es war alles still; kein _____ war zu hören.

2. Das Radio ist zu _____ eingestellt.

3. Die _____sprecher dröhnen.

4. Die Lieferung erfolgt _____ Vertrag.

5. Peter schrie am _____esten.

Test 106

Fülle die Lücken aus:

1. Die Flasche ist _____.

2. das Glas _____ (= austrinken)

3. Die _____ stehende Wohnung ist zu vermieten.

4. Der Professor _____ an der Universität.

5. Der _____ling beendet seine L _____ mit einer Prüfung.

6. Weil Christoph seine Hausaufgaben nicht gemacht hat, muss er als Strafe einen Aufsatz über „Faulheit" schreiben. Am nächsten Morgen gibt er dem Lehrer drei _____ Seiten ab …

Lehrstellen frei

Bonn (dpa) - In der Landwirtschaft sind noch viele Lehrstellen frei. Zu Beginn des Sommers kamen auf 2302 Ausbildungsplätze nur 935 Bewerber. Das teilte der Bau-

Leid/leid | -mal/Mal

107 *Leid / leid*

Nomen:

das Leid ertragen
jemandem sein Leid klagen
Leid tun

In Verbindung mit „sein":

leid sein
ich bin es leid

> In Verbindung mit dem Verb „sein" wird *„leid"* **kleingeschrieben.**

! **Beachte:** *jemandem etwas* zu Leide tun *(oder: zuleide tun)*

→ *Kleinschreibung (Kap. 95)*

108 *-mal / Mal*

Adverb:

einmal, auf einmal
zweimal   *(2-mal)*
hundertmal *(100-mal)*
keinmal
diesmal
manchmal

mehrmals

nochmal
erstmals
letztmals
mehrmals
vielmals
vormals
niemals
vielmalig

Nomen:

einige Male, ein einziges Mal
das zweite Mal
einige hundert Male
kein einziges Mal
dieses Mal, dieses eine Mal
manches Mal
jedes Mal
mehrere Male
ein Dutzend Mal
Millionen Mal
zum nächsten Mal
das erste Mal, zum ersten Mal
zum letzten Male, ein letztes Mal
mehrere Male
viele Male
voriges Mal

> **Zahlen** oder **Zahladverbien** und „*-mal*" werden zusammengeschrieben.
> Wenn die Zahl als **Ziffer** geschrieben ist, steht dagegen Bindestrich: **2-mal.**
> *Mal* wird **getrennt** vom folgenden Wort und **großgeschrieben,** wenn *Mal* ein **Nomen** ist.

→ *Bindestrich bei Ziffern und Wort (Kap. 33)*

Test 107

Fülle die Lücken aus:

1. Es tut mir sehr _____.
2. Ich war es _____.
3. Den Flüchtlingen ist viel _____ geschehen.
4. Ihnen wurde viel zu_____ getan.

Test 108

Ergänze „mal" oder „Mal":

1. 1 _____   2. ein_____
3. mit einem _____e
4. manches _____
5. mehrere _____e
6. viele _____e
7. voriges _____
8. Wir danken Ihnen viel_____s für Ihren Brief.
9. Ich schicke Ihnen dies_____ einen ausführlichen Brief.
10. Die Veranstaltung fand zum ersten_____ statt.
11. Sie soll noch ein paar_____ wiederholt werden.
12. Bis zum nächsten_____!
13. Lehrerin: „Markus, du hast schon wieder ein_____ während des Unterrichts geschlafen." Markus entschuldigt sich: „Aber dies_____ habe ich von Ihnen geträumt."
14. Peter hat als Strafe 100_____ „Ich bin frech und ungezogen" schreiben müssen. Als er fertig ist, geht er zu seinem Vater: „Der Lehrer hat gesagt, du musst das unterschreiben."

109 malen, mahlen

das Bild *mal*en
Der *Maler mal*t.
Er hat ge*mal*t.
die *Maler*ei
das Ge*mäl*de

das *Mal* (Fleck)
das Mutter*mal*
das Denk*mal*
das Merk*mal*

Kaffee *mahl*en
Die Mühle *mahl*t.
Sie hat ge*mahl*en.

> Alle Ableitungen von „*malen*" (zeichnen) und von „*das Mal*" (Fleck) schreibt man **ohne** -h-.
>
> „*mahlen*" im Sinne von „zerkleinern" schreibt man **mit** -h-.

110 Mann / man

der **Mann**
der Kauf**mann**
jeder**mann**
das **Mann**equin

Man kennt ihn.
Das weiß **man**.

! **Beachte:** der Talisman[1]

> „*Mann, jedermann, Mannequin*" werden mit -nn- geschrieben.
> „*man*" wird nur mit einem -n- geschrieben.

? [1] Aus dem Arabischen: tilismān

111 Maschine / Schiene

die Masch*i*ne
die Schreibmasch*i*ne
die Waschmasch*i*ne

die Eisenbahnsch*ie*nen
das Sch*ie*nennetz
das Sch*ie*nbein

> „*Maschine*" und alle Ableitungen schreibt man nur mit -i-.
>
> „*Schiene*" schreibt man mit -ie-.

Schnelldienst
Waschmaschinen-
Kundendienst
alle Modelle, E-Herde,
Spülmaschinen, Trockner

M

Test 109

Ergänze:

> **Ständig frische Backwaren** aus frisch gemahlenem Getreide aus kontrolliert biologischem Anbau.

1. den Kaffee _____

2. das Gemälde _____

3. das Korn in der Mühle _____ lassen

4. Der _____ _____ ein neues Bild.

5. Der Kalk ist fein _____.

Test 110

Fülle die Lücken aus:

1. Den großen M_____ kennt m_____ überall.

2. der Kaufm_____ 3. das M_____quin

4. Das hört m_____ gern.

5. Jederm_____ wird damit zufrieden sein.

6. die Fußballm_____schaft

Test 111

Was ist das?

1. _____   2. _____   3. _____

112 meist

meist, meistens, das meiste

> „meist" und Ableitungen davon werden nur mit -s- geschrieben!

113 Miene / Mine

Miene = Gesichtsausdruck:
　　　　eine traurige *Miene*

Mine = Sprengkörper:
　　　Die *Mine* explodiert.

　　= Bergwerk:
　　　die Gold*mine*

　　= Schreibgerät:
　　　die *Mine* im Kugelschreiber

> „Miene" bedeutet **Gesichtsausdruck.**
> „Mine" bedeutet: **Sprengkörper / Bergwerk / Schreibgerät.**

114 nämlich

nämlich

… ist verwandt mit:

Name,
namentlich

> „nämlich" wird **ohne** -h- geschrieben.

115 -nis

das Zeugnis
das Geheimnis

des Zeugnisses
des Geheimnisses

die Zeugnisse
die Geheimnisse

> Die *Endung* „-nis" wird mit -s geschrieben.
> In der verlängerten Form, z. B. im Plural, schreibt man -ss-.

→ ss/-ß am Wortende (Kap. 155)

M/N

Test 112

Ergänze:

1. die _____ Menschen 2. in den _____ Fällen

3. Sie ist _____ pünktlich. 4. Das ist _____ so.

5. Lehrer: „Welche drei Wörter gebrauchen Schüler am mei_____ten?" – „Ich weiß nicht." –

„Richtig! Das sind die am mei_____ten gebrauchten Wörter!", bestätigt der Lehrer.

Test 113

Ergänze:

1. gute _____ zum bösen Spiel machen

2. das _____spiel des Angeklagten genau beobachten

3. Die _____ wurde entschärft.

4. Ich brauche eine schwarze _____ für meinen Kugelschreiber.

Test 114

Ergänze -ä- oder -äh-:

1. Ich hatte n_____mlich meine Tasche vergessen.

2. Es war n_____mlich schon zu spät, um sie abzuholen.

3. Es wurde allm_____lich dunkel.

4. Wer n___mlich mit -h- schreibt, ist d___mlich!

Test 115

Fülle die Lücken aus:

1. das Ergebnis: des _____, die _____

2. das Wagnis: des _____, die _____

3. das Erlebnis: des _____, die _____

116 Not / not

Nomen:

in Not sein
Not leiden
zur Not

Not tun
Not sein
die Not leidende Bevölkerung

! **Beachte:** *Das ist vonnöten.*

> Das *Nomen* „Not" schreibt man immer groß.

117 Nummer

die Nummer
Nummer eins
auf Nummer sicher gehen
das Nummernschild
nummerieren
die Zeilen *nummerieren*
die Seiten *nummerieren*
das *Nummerieren*, die *Nummerierung*

Ausnahmen:

Numerale[1]
numerisch
Numerus[2]

> Alle Ableitungen von „Nummer" außer „Numerale", „numerisch", „Numerus" werden mit -mm- geschrieben.

? [1] lat.: Zahlwort   [2] lat. für: Singular, Plural

118 Nummerierung

1.	1.	I.	A.	a)
2.	2.	II.	B.	b)
3.	2.1	III.	C.	c)
4.	2.1.1	IV.	D.	d)
5.	2.1.2	V.	E.	e)

> Bei der *Nummerierung* mit Ziffern und lateinischen Großbuchstaben steht ein **Punkt.** (nicht: Klammer) Werden mehrere Ziffern verwendet, so steht hinter der letzten Ziffer **kein Punkt.**
>
> Nach den kleinen Buchstaben „*a), b), c)*" steht eine **Klammer.**

N

Test 116

Fülle die Lücken aus:

1. Wir sind in _____ und brauchen schnelle Hilfe.

2. Schnelle Hilfe tut _____.

3. Schnelle Hilfe ist von _____.

4. Wenn _____ am Mann ist, müssen alle helfen.

5. Die Flüchtlinge leiden _____.

In der Not schmeckt die Wurst auch ohne Brot.

Test 117

Fülle die Lücken aus:

1. die Zimmern_____

2. sich die Telefonn_____ merken

3. die vielen Rechnungen n_____ieren

4. die Zeilenn_____ierung

5. das N_____nschild

Osnabrück (Eb.). – Bei der staatlichen Nordwestdeutschen Klassenlotterie in Hamburg wurde am 24. Februar 1997 ein Hauptgewinn von 1 Million DM auf die Losnummer 508 186 gezogen.

Test 118

Ergänze die fehlenden **Satzzeichen** in einem **Inhaltsverzeichnis:**

1 Autofahren
   1 1 Auto – 1 2 Landstraßen – 1 3 Tankstelle

2 Orientierung
   2 1 Landkarte – 2 2 Straßen – 2 3 Richtung

3 Andere Verkehrsmittel
   3 1 Eisenbahn – 3 2 Flugzeug – 3 3 Schiff

119 obwohl / trotzdem

Obwohl der Schüler krank war, kam er in die Schule.
　　　　Nebensatz

Der Schüler war krank, *trotzdem kam er in die Schule.*
　　　　　　　　　　　　　Hauptsatz

Obwohl die Aussichten schlecht sind, bewerbe ich mich.
　　　　　　Nebensatz

Die Aussichten sind schlecht, *trotzdem bewerbe ich mich.*
　　　　　　　　　　　　　　Hauptsatz

> „*obwohl*" leitet einen **Nebensatz (Gliedsatz)** ein.
> „*trotzdem*" leitet einen **Hauptsatz** ein.

120 original …

original, das Original, originell

> Beachte das *-i-* bei diesen Wörtern!

121 -ou-, gesprochen wie -u- *(französische Fremdwörter)*

die Boutique　　　　　*die Route*
die Jalousie　　　　　*die Routine*
der Journalist　　　　*die Silhouette*
der Nougat (auch: *Nugat*)　*das Souvenir*
die Ouvertüre　　　　*die Tour*
die Roulade　　　　　*der Tourist* …

> In einigen *Fremdwörtern aus dem Französischen* schreibt man *-ou* statt *-u-*.

Test 119

Ergänze „*obwohl*" oder „*trotzdem*":

1. _____ der Mensch gut laufen kann, schafft er sich ein Auto an.

2. Der Mensch kann gut laufen, _____ schafft er sich ein Auto an.

3. _____ ich nicht viel Geld habe, möchte ich ein neues Auto kaufen.

4. Ich fahre oft mit der U-Bahn, _____ ich ein Auto habe.

Test 120

Ergänze „*original*" oder „*Original*":

1. ein _____ (Gemälde) 2. der _____ (Text)

3. Das ist _____ Käse. (französischer)

4. eine _____ (getreue) Kopie

Test 121

Welches Wort ist gemeint?

1. Schattenriss: _____

2. Spazierfahrt: _____

3. Fensterschutz: _____

4. Schickes Geschäft: _____

5. Reisender: _____

6. Andenken: _____

SOUVENIRS KÖNNEN TEUER WERDEN

Viele Touristen erleben bei der Rückkehr aus dem Urlaub am Zoll unangenehme Überraschungen, wenn sie ihre Souvenirs vorzeigen. Darauf verw... die Naturschutz...

122 paar / Paar

einige:

ein *paar* Leute
ein *paar* Worte sagen
ein *paarmal*

zwei zusammengehörige Gegenstände/Personen:

ein *Paar* (= Ehepaar)
ein *Paar* Schuhe
ein *Paar* Strümpfe

> „*paar*" bedeutet „einige".
>
> Wenn es sich um zwei zusammengehörige Gegenstände oder Personen handelt, wird „*Paar*" **großgeschrieben.**

! **Beachte:** das Pärchen

123 packen / Paket

Trennung: Trennung:

packen   pa-cken   das *Paket*   Pa-ket
das *Päckchen*
die *Verpackung*

> „*packen*" und alle verwandten Wörter werden mit *-ck-* geschrieben.
>
> „*Paket*" wird nur mit *-k-* geschrieben.
>
> **Getrennt** wird jeweils **vor** *-ck-* oder *-k-*.

→ *Silbentrennung: -ch-* (Kap. 145)

124 Partizipien als Nomen

(Der Mörder wird angeklagt.)   den *Angeklagten* verurteilen

(Der Text ist sehr klein gedruckt.)   das *Kleingedruckte* nicht lesen

> *Partizipien,* die als *Nomen* gebraucht werden, schreibt man **groß.**

→ *Adjektive als Nomen* (Kap. 5)

Test 122

Ergänze „*paar*" oder „*Paar*":

1. Es waren nur ein _____ Zuschauer gekommen, als das _____ die Kirche verließ. 2. Er wollte ein _____ Worte zum Abschied sprechen. 3. Ich brauche ein _____ neue Skier. 4. Das ist ein _____ Ohrringe.

5. Der zerstreute Professor kommt in die Universität. Seine Sekretärin macht ihn darauf aufmerksam, dass er einen gelben und einen blauen Socken anhat.

Professor: „Ja komisch, zu Hause habe ich noch solch ein _____."

Test 123

Ergänze -*ck*- oder -*k*-:

1. ein Pa_____et pa_____en

2. ein Pä_____chen zum Geburtstag bekommen

3. das Pa_____papier

4. Ein _____ für mein Patenkind!

Test 124

Ergänze:

1. (*A/a:* die _____bgeordneten des Parlaments

2. (*B/b:* ein _____ekannter Schauspieler; seine _____ekannten zu Weihnachten grüßen

3. (*G/g:* den _____efangenen befreien; der _____efangene Indianer

4. (*V/v:* dem _____erstorbenen die letzte Ehre erweisen

125 -ph- / -f-

Alphabet *Phase*² *Prophet*⁵
Katastrophe *Phosphor*³ *Strophe*
Philosophie *Physik* *Triumph*⁶ ...
*phlegmatisch*¹

Beachte: 1. Viele Fremdwörter mit *-ph-* sind schon eingedeutscht zu *-f-*:

Foto *Telefon* *Saxofon*
fotografieren *Mikrofon* *Geografie* ...
Grafik

2. Andere dürfen mit *-ph-* oder *-f-* geschrieben werden:

Phantasie (oder *Fantasie*) **Delphin** (oder *Delfin*)
phantastisch (oder *fantastisch*) **Paragraph** (oder *Paragraf*)⁴

Viele **Fremdwörter** werden mit *-ph-* oder *-f-* geschrieben.

? ¹ schwerfällig, gleichgültig ² Abschnitt, Stufe ³ chemisches Element ⁴ Abschnitt des Gesetzes
⁵ Weissager (in der Bibel) ⁶ großer Erfolg; Sieg(esfreude)

126 Platz / platzieren

der Platz *platzieren*¹
auf seinem Platz sein *platziert*²
der Sitzplatz *Platzierung*
Platz sparen
Platz nehmen

„*Platz*" wird mit *-tz-* geschrieben.
„*platzieren*" und alle Ableitungen davon auch.

? ¹ aufstellen ² gezielt

127 -pp-

Stopp! *stoppen* *der Tipp* *tippen*
 das Stoppschild   *sich vertippen*
 die Stoppuhr   *der Tippzettel*

„*Stopp*" und „*Tipp*" und alle verwandten Wörter werden mit *-pp-* geschrieben.

→ *-b/-p* (Kap. 29)

Test 125

Kreuzworträtsel:

↓1. Abc
2. Träumer
3. Vorstellungskraft
4. Naturwissenschaft
5. Lichtbild
6. Abschnitt des Gesetzes
7. „Fernsprecher"
8. chemisches Element
9. „Weissager"

Welches **Lösungswort** ergibt sich in den stark umrandeten Feldern?

Test 126

Ergänze:

1. Der Sportler konnte beim Wettkampf einen der ersten _____ erringen.

2. Im folgenden Jahr konnte er sich nicht _____.

3. Ich konnte keinen Sitz _____ mehr finden.

4. Das ist ein wirklich _____ (sparendes) Regal.

Test 127

Ergänze:

1. die _____ uhr   2. das _____ schild

3. das Auto _____ an der Kreuzung

4. der _____ zettel   5. einen guten _____ bekommen

6. auf der Schreibmaschine _____   7. sich leider oft ver_____

Prädikat | Präpositionen

128 Prädikat

Es wird beschrieben, wie Haus und Umgebung *aussehen*.

Zu diesem Thema *müssten* Rundfunk und Fernsehen mehr Sendungen bringen.

> Zwei Subjekte im Singular haben ein *Prädikat* im **Plural**.

Präpositionen

129 Präpositionen: mit *Dativ* oder *Akkusativ*

	Wo? (Stelle) *Dativ*	**Wohin?** (Richtung) *Akkusativ*
an	Es steht *an der* Tür.	Er geht *an die* Tür.
auf	Das Buch liegt *auf dem* Tisch.	Er legt es *auf den* Tisch.
hinter	*hinter dem* Vorhang stehen	*hinter den* Vorhang treten
in	*in der* Schule sein	*in die* Schule gehen
neben	*neben dem* Direktor sitzen	sich *neben den* Direktor setzen
über	Das Flugzeug kreist *über der* Stadt.	*über die* Stadt fliegen
unter	*unter dem* Sonnenschirm liegen	sich *unter den* Sonnenschirm legen
vor	*vor dem* Haus stehen	*vor das* Haus gehen
zwischen	*zwischen den* Freunden sitzen	sich *zwischen die* Freunde setzen

> Wenn diese *Präpositionen* eine Stelle bezeichnen (Frage: **Wo?**), folgt der *Dativ*.
>
> Wenn diese *Präpositionen* eine Richtung angeben (Frage: **Wohin?**), folgt der *Akkusativ*.

130 *Präposition* und *Konjunktion*

Präposition + Artikel oder Relativpronomen:	*Konjunktion:*
in dem Haus das Haus, *in dem* wir wohnen	*indem* er ins Haus kommt …
nach dem Essen	*nachdem* wir gegessen hatten …
seit dem Unfall	*seitdem* er einen Unfall hatte …

> „*in dem, nach dem, seit dem*" sind *Präposition + Artikel* oder *Relativpronomen* und werden **auseinander geschrieben.**
>
> Die *Konjunktionen* „*indem, nachdem, seitdem*" leiten einen Nebensatz ein und werden **zusammengeschrieben.**

Test 128

Fülle die Lücken aus:

1. Der Flug nach Amerika und der Aufenthalt dort _____ viel Geld. (kosten) 2. Sein temperamentvolles Auftreten und seine Selbstsicherheit _____ _____ die Leute. (beeindrucken)

Test 129

Fülle die Lücken aus:

1. Auf dem Foto siehst du mich neben _____ Lehrer.

2. Mein Freund steht hinter _____ Lehrer.

3. Peter hatte sich vor _____ Lehrer gestellt.

4. Wir stehen alle vor _____ Schulgebäude.

5. Das Warndreieck steht 50 Meter hinter _____ Auto vor _____ Unfallstelle.

Test 130

Fülle die Lücken aus:

> Amerika ist ein Land, in dem Milch und Honig fließen und die Leute lieber Cola trinken.

> Auf dem Londoner Flughafen Stansted musste am Freitag ein amerikanisches Flugzeug vom Typ DC-8 mit 147 Urlaubern aus der Bundesrepublik und Österreich evakuiert werden, nachdem zwei Reifen geplatzt waren und Feuer gefangen hatten. Die DC-? ... auf dem Flug v...

1. nach _____ Mittagessen

2. nach _____ alles fertig war ...

3. das Vorbild, nach _____ wir uns richten, ...

4. nach _____ das Flugzeug gestartet war ... 5. nach _____ Start

6. in _____ Flugzeug sitzen 7. seit _____ wir uns kennen ... 8. Seit _____ ersten Male ...

109

131 Präsens / Präsenz

das *Präsens*   die *Präsenz*

> „*Präsens*" bedeutet **„Gegenwart"**.
> (Die erste Silbe ist betont.)
>
> „*Präsenz*" bedeutet **„Anwesenheit"**.
> (Die zweite Silbe ist betont.)

132 Rad / Rat

das *Rad*   der *Rat*
das *Vorderrad*   jemandem *einen Rat geben*
das *Hinterrad*   raten
der *Radfahrer*   der *Studienrat*

> „*Rad*" (es ist rund) wird mit **-d** geschrieben.
>
> „*raten*" und **alle Ableitungen** werden mit **-t** geschrieben.

133 Recht / recht

Du hast **Recht**.   Das *ist* mir *recht*.
Ich gebe dir **Recht**.   … jetzt *erst recht* …
Du bekommst **Recht**.   Niemand *macht* es ihr *recht*.
Das ist *mein gutes* **Recht**.   Das *ist recht und billig*.
Ich verlange *mein* **Recht**.   Gehe ich *recht* in der Annahme?
Ich muss *nach dem* **Rechten** sehen.   Das *geschieht* ihm *recht*!
Es geschieht ihm **Unrecht**.   Es *ist rechtens*.
Ich habe ihm (ein) **Unrecht** (an)getan.   Ihr *habt unrecht* daran *getan*.

! **Beachte:** zurechtweisen, zurechtfinden, zurechtkommen (zusammengesetzte Verben!)

       zu **Recht**/mit **Recht**   von **Rechts** wegen

> Nur in Verbindung mit dem Verb „sein" und als Adverb wird „*recht*" **kleingeschrieben.** Ebenso „*unrecht*".

➔ *Kleinschreibung von verblassten Nomen* (Kap. 95)

Test 131

Ergänze -s oder -z:

1. das Präsen_____ und das Futur 2. das Partizip Präsen_____

3. die Präsen_____bibliothek 4. die Präsen_____ pflicht der Abgeordneten

Test 132

Ergänze:

1. einen guten _____ geben

2. das Rätsel _____

3. das Reserve_____

4. der Regierungs_____

5. Das ist mein Fahr _____.

Test 133

Ergänze „recht" und „Recht":

1. Ich verlange mein _____.

2. Du hast sicher _____.

3. Das geschah zu_____.

4. Man muss dir _____ geben.

5. Du hast mit _____ protestiert.

6. Es ist schwer, es allen _____ zu machen.

7. Mir ist alles _____.

Viele Reisende mögen sich zu Recht nicht damit begnügen, nur die kulturhistorischen Stätten eines Landes zu besuchen. Sie wollen mehr als andere entdecken: bezaubernde Natur, interessante Menschen, vielfältiges Leben.
Womit die ungeschriebenen Programm-

134 Relativpronomen

Ich habe den Roman gelesen, *den* du mir geliehen hast.

(Umständlich:
Ich habe den Roman, *den* du mir geliehen hast, gelesen.)

Ich bringe dir das Buch mit, *das* du lesen willst.

(Sehr ungeschickt:
Ich bringe dir das Buch, *das* du lesen willst, mit.)

> Das *Relativpronomen* braucht seinem Beziehungswort **nicht unmittelbar** zu folgen.

→ *das/was* (Kap. 45)

135 (-)rh(-)

der	Katarrh (auch Katarr[1])	der **Rh**ythmus[5]
der	**Rh**abarber	der **Rh**ein
die	**Rh**apsodie[2]	die **Rh**one
der	**Rh**esusfaktor[3]	die **Rh**ön
die	**rh**etorische Frage	die Insel **Rh**odos …
das	**Rh**euma	
der (das)	**Rh**ododendron[4]	

> Einige *Fremdwörter* schreibt man mit *-rh-*.

? [1] Entzündung der Nasenschleimhaut [2] Musikstück [3] Merkmal der roten Blutkörperchen [4] Gartenpflanze [5] Takt

R

Test 134

Vervollständige die Sätze:

1. (Ich bringe dir das Buch zurück. Du hast es mir geliehen.)

   Ich bringe dir das Buch _____

   _____ .

2. (Ich werde mir den Roman kaufen. Du hast ihn mir empfohlen.)

   Ich werde mir den Roman _____

   _____ .

Test 135

Ergänze *-R-* oder *-Rh-*:

1. Der flotte _____ythmus der Musik

2. Sie kann die Finger nicht bewegen, weil sie _____euma hat.

3. _____eumütig seine Schuld bekennen

4. Im Garten wächst _____ododendron.

5. Er hat einen Kata_____.

RHEUMA?
Moorheilbad
Bad Grund (Harz)
Auskunft durch Kurverwaltung
3362 Bad Grund   Tel. (0 53 27)

136 -s / -z

| Hals | (Hälse) | Holz | (Hölzer) |
| Fels | (Felsen) | Salz | (Salze) |

> Am Wortende steht -s, wenn in einer **verlängerten** oder **verwandten Form** des Wortes -s- steht.
>
> Am Wortende steht -z-, wenn in einer **verlängerten** oder **verwandten Form** des Wortes -z- steht.

137 sammeln, sämtlich

sammeln
gesammelt
die Sammlung

sämtliche Werke
gesamt
insgesamt

> „sammeln" und alle Ableitungen schreibt man mit -mm-.
>
> „sämtliche, gesamt, insgesamt" schreibt man mit einem -m-.

138 scheinbar / anscheinend

Er hatte *scheinbar* alles vergessen.

Er hat *anscheinend* den Zug verpasst, sonst wäre er jetzt da.

Sie hat *scheinbar* keine Zeit mehr.

Es war *anscheinend* schon zu spät.

> „scheinbar" bedeutet: etwas ist nicht so, wie es scheint.
>
> „anscheinend" bedeutet: sehr wahrscheinlich, offensichtlich.

S

Test 136

Ergänze -s oder -z:

1. der Stol_____ 2. das Paradie_____ 3. der Bewei_____ 4. das Kreu_____

5. das Hau_____ 6. der Krei_____ 7. die Noti_____ 8. das Gla_____

9. die Konsequen_____ 10. die Differen_____ 11. der hohe Prei_____

Test 137

Ergänze -m- oder -mm-:

1. die Briefmarkensa_____lung 2. alle gesa_____elten Briefmarken verkaufen

3. Goethes sä_____tliche Werke 4. die gesa_____te Bevölkerung 5. Wir sollten noch

Erfahrungen sa_____eln. 6. Das Ergebnis war insgesa_____t befriedigend.

Test 138

Ergänze „scheinbar" oder „anscheinend":

1. Frau Müller ist leider nicht gekommen, sie hat _____ den Termin vergessen.

2. Es gab _____ keinen Ausweg mehr, trotzdem gelang vielen die Flucht.

3. Es war _____ keine Rettung mehr möglich; alle sind umgekommen.

Schuld/schuld | seid/seit(-) | Seite ...

139 Schuld / schuld

Du hast *Schuld*.
Es ist seine *Schuld*.
Ich gebe ihm *Schuld*.

Er *ist schuld*.
Sie *war schuld*.
Wer *ist schuld*?

> Das Nomen „*die Schuld*" wird immer **großgeschrieben.**
> „*schuld sein*" wird **kleingeschrieben.**

! **Beachte:**

sich etwas *zu Schulden* (auch: *zuschulden*) *kommen lassen*

→ *Recht/recht* (Kap. 133); *Kleinschreibung* (Kap. 95)

140 seid / seit(-)

Ihr *seid* willkommen.
Seid vorsichtig.

seit gestern
seit einer Stunde
Seitdem wir uns kennen ...

> „*seid*" ist eine Form des Hilfsverbs „*sein*".
> Die Präposition und Konjunktion „*seit(-)*" wird mit **-t-** geschrieben.

141 Seite ...

Nomen:

die rechte *Seite*
von allen *Seiten* ...

Adverb:

seitens
abseits
beiseite
meinerseits ...

> Als Nomen wird „*Seite*" **großgeschrieben**, als Adverb **klein.**

! **Beachte:** *aufseiten* (auch: *auf Seiten*)
   vonseiten (auch: *von Seiten*)

→ *Kleinschreibung* (Kap. 95)

Test 139

Ergänze „schuld" oder „Schuld":

1. Der Autofahrer hat _____.

2. Es war seine _____.

3. Ich bin nicht _____.

4. Wir müssen die _____frage klären.

5. Er nimmt die _____ auf sich.

6. Er hat sich einiges _____ kommen lassen.

Test 140

Ergänze „seid" oder „seit":

1. _____ 10 Minuten warte ich hier. 2. _____ ihr alle da?

3. Ihr _____ bei uns herzlich willkommen. 4. S_____ dem Unfall …

5. S_____ sehr vorsichtig! 6. S_____ dem ich hier bin …

Test 141

Fülle die Lücken aus:

1. Auf der linken _____ der Straße stehen keine Häuser.

2. auf die andere _____ der Straße gehen

3. Es gab Einwände _____s der Verkaufsabteilung.

4. Die Einwände kamen von_____ der Vertreter.

5. Meiner_____ bestehen keine Bedenken mehr.

142 (-)sh-, gesprochen wie -sch-

Shampoo
Sheriff
Sherry
Shop

Shorts
Show
T-Shirt ...

> In einigen *Fremdwörtern* steht -sh- statt -sch-.
> (Es handelt sich dabei um *englische Fremdwörter*.)

143 *Sie, Ihr, Ihnen ...*

Immer groß:

Sie, Ihnen
Ihr, Ihres, Ihrem, Ihre, Ihren ...

Immer klein:

du, dich, dir
dein
euch, euer, ...

> In der **höflichen Anrede** schreibt man immer **groß**:
> „Sie, Ihnen, Ihr" usw.
>
> **Klein** schreibt man alle Formen, die von „du" und „ihr" **abgeleitet** sind.

Vorsicht:

„Beeilen Sie sich!"

„sich" wird immer kleingeschrieben.

→ *Brief* (Kap. 39); *du* (Kap. 52)

Entdecken Sie eine neue Art, Urlaub zu machen. Mit Lufthansa Buy & Fly

Test 142

Ergänze – wo angebracht – -sh- oder -sch-:

1. eine _____ow im Fernsehen sehen

2. der Computer_____op

3. Ich kaufe mir neue _____orts und neue _____uhe.

Herren-T-Shirts
verschiedene Unifarben
ab **8.95**

Test 143

Fülle die Lücken aus:

Bei Müllers klingelt das Telefon: Herr Müller nimmt ab. „Ist _____hre Tochter zu Hause?",

fragt die Stimme eines jungen Mannes. „Tut mir Leid, ich soll _____hnen sagen, dass _____ie

nicht da ist." „Aha, dann richten _____ie _____hr bitte aus, dass ich nicht angerufen habe!"

schätzt. Wir führen alles, was Sie zum Renovieren und Verschönern Ihrer eigenen vier Wände benötigen. Für Wand, Boden und Decke. In einer Auswahl, dass Sie ganz lange Storchenhälse machen werden. Überzeugen Sie sich selbst!

Silbentrennung

Silbentrennung

144 Silbentrennung: Grundregeln

a) **Zusammengesetzte Wörter** werden nach ihren Bestandteilen (z. B. **Wortteilen, Vorsilben**) getrennt:

Fußball   *Fuß-ball*
Autobahn   *Auto-bahn*
selbstständig   *selbst-ständig*

gesund   *ge-sund*
vergnügt   *ver-gnügt*
uninteressiert   *un-interessiert*

b) Wörter werden nach **Sprechsilben** getrennt, auch wenn es ein **einzelner Vokal** ist:

Autobahn   *Au-to-bahn*
Flughafen   *Flug-ha-fen*
Abendbrot   *A-bend-brot*
Ader   *A-der*

c) Ein **Konsonant** vor der Nachsilbe *-ung* wird mit ihr **zusammen abgetrennt**:

Betonung   *Be-to-nung*
Kleidung   *Klei-dung*

d) **Wörter** (besonders *Fremdwörter*), deren Bestandteile nicht mehr einzeln erkannt werden, können nach **Sprechsilben** getrennt werden:

interessant   *in-te-res-sant*   (auch: *in-ter-es-sant*)
Pädagoge   *Pä-da-go-ge*   (auch: *Päd-ago-ge*)
Diplom   *Dip-lom*   (auch: *Di-plom*)

Im Zweifelsfall bitte im **Rechtschreibduden** nachsehen!

Zusammengesetzte Wörter werden zunächst nach ihren **Bestandteilen** getrennt. (a)

Vorsilben werden abgetrennt. (a)

Sonst werden die Wörter nach ihren **Sprechsilben** getrennt. Hierbei können auch **einzelne Vokale** abgetrennt werden (b).

Vor der **Nachsilbe** *-ung* wird ein einzelner **Konsonant** mit **abgetrennt** (c).

Fremdwörter werden meist nach **Sprechsilben** getrennt (d).

➤   *interessant* (Kap. 89)

Test 144

Trenne die Wörter:

1. Küchentisch: _____
2. Eisenbahn: _____
3. Schreibmaschine: _____
4. spazieren gehen: _____
5. Zeitungspapier: _____
6. Schularbeiten: _____
7. hervorragend: _____
8. Desinteresse: _____
9. Zyklus: _____
10. Industrie: _____
11. Oder: _____
12. Genugtuung: _____
13. Meinung: _____

Silbentrennung

145 Silbentrennung: -ck-

Ecke	E-cke
erblicken	er-bli-cken
Stuckateur	Stu-cka-teur
wecken	we-cken
Zucker	Zu-cker

> -ck- wird – wie auch -ch- – nur als Ganzes abgetrennt.

Beachte:
Wörter mit -kk- sind im Deutschen selten und werden k-k getrennt:
Akkord, Akkordeon, Akku, Akkusativ, Mokka, Sakko.

146 Silbentrennung: -pf-

empfangen	emp-fan-gen
empfindlich	emp-find-lich
Empfehlung	Emp-feh-lung
Gipfel	Gip-fel

> -pf- wird getrennt: p-f.

147 Silbentrennung: -ss- / -ß-

Wasser	Was-ser	Straße	Stra-ße
Kasse	Kas-se	Grüße	Grü-ße
besser	bes-ser	fleißig	flei-ßig
wissen	wis-sen	größer	grö-ßer

> -ss- wird getrennt.
> -ß- darf **nicht** getrennt werden.

→ -ss-/-ß- (Kap. 155–157)

Test 145

Trenne die Wörter:

1. Brücke: _____

2. packen: _____

3. pflücken: _____

4. Hecke: _____

5. verstecken: _____

6. Akkusativ: _____

Test 146

Trenne die Wörter:

1. Kupfer: _____

2. Wipfel: _____

3. Empfindung: _____

4. kämpfen: _____

Test 147

Trenne die Wörter:

1. äußerlich: _____

2. Messer: _____

3. besser: _____

4. außergewöhnlich: _____

5. größer: _____

Silbentrennung

148 *Silbentrennung: -st- / sp-*

Westen	Wes-ten	Knospe	Knos-pe
Fenster	Fens-ter	Wespe	Wes-pe
Schwester	Schwes-ter	lispeln	lis-peln
meistens	meis-tens	räuspern	räus-pern

> *-st-* wird getrennt: *s-t.*
> *-sp-* wird getrennt: *s-p.*

149 *Silbentrennung: Vorsilben, die nicht leicht erkennbar sind*

dar-	daran	da-ran/dar-an	war-	warum	wa-rum/war-um
	darum	da-rum/dar-um	wor-	woran	wo-ran/wor-an
vor-	voran	vo-ran/vor-an		worin	wo-rin/wor-in
				worum	wo-rum/wor-um

> Bei *Vorsilben,* die nicht leicht erkennbar sind, **kann** man nach **Sprechsilben** trennen. Der Konsonant an der Trennstelle kommt dabei auf die nächste Zeile.

→ *Silbentrennung (Grundregeln)* (Kap. 144)

Test 148

Trenne die Wörter:

1. Meisterschaft: _____

2. Geschwister: _____

3. bestenfalls: _____

4. Leistung: _____

5. Rispe[1] _____

6. Kasper: _____

[1] Blütenstand

Test 149

Trenne die Wörter:

1. darum: _____ / _____

2. voraus: _____ / _____

3. warum: _____ / _____

4. woran: _____ / _____

5. worin: _____ / _____

150 sodass / so dass ...

sodass/so dass

als dass
anstatt dass
außer dass
ohne dass

> *sodass/so dass* kann man **in einem Wort** oder **in zwei Wörtern** schreiben.
>
> Alle anderen Verbindungen mit „*dass*" werden **in zwei Wörtern** geschrieben.

151 solange / so lange

Solange ich in München wohne, brauche ich kein Auto.

So lange wie möglich.

So lange warten, *bis* jemand kommt.

Warte *solange*!

Es dauerte *so lange, dass* es spät wurde.

> „*solange*" (= während) ist eine **Konjunktion** und leitet einen Nebensatz (Gliedsatz) ein oder ist ein **Adverb** (= währenddessen).
>
> „*so lange*" wird **in zwei Wörtern** geschrieben, wenn „*wie*", „*bis*", „*dass*" folgt.

→ *soviel/so viel* (Kap. 152)

Test 150

Ergänze:

1. Es fing an zu regnen, _____/_____ wir nicht lange spazieren gehen konnten.

2. Sie aß seinen Kuchen, _____ er es bemerkte.

Test 151

Ergänze „solange" oder „so lange":

1. _____ wir uns kennen …

2. Ich bleibe _____, wie du willst.

3. _____ ich auf dieser Schule bin …

4. Die Patienten warten _____, bis sie vom Arzt gerufen werden.

152 soviel / so viel

Soviel ich weiß ...   Sie hatte *so viele* gute Möglichkeiten.
(= „soweit" = Konjunktion)   *So viele* schöne Briefmarken.

                                        Er mußte *so viel* schreien, *dass* er jetzt heiser ist.
                                        Doppelt *so viel* Geld *wie* ...

> *Soviel* wird nur als **Konjunktion** (= „soweit") zu Beginn eines Nebensatzes **zusammengeschrieben,** sonst immer **auseinander.**

153 -sp-, -st- (Aussprache)

[ʃp, ʃt]   [sp, st]
Am Wortanfang: **sonst:**

spielen, Spaß, Sport ...   *lispeln, Knospe ...*
Stein, stehen, stark ...   *Meister, basteln ...*

Nach Vorsilbe:

vorspielen ...
bestrafen ...

> Am Wortanfang und nach Vorsilbe spricht man *-sp-* [ʃp] und *-st-* [ʃp].
> Sonst spricht man *[sp]* und *[st]*.

→ *Silbentrennung: -st-/-sp-* (Kap. 148)

154 spazieren ...

spazieren gehen   *der Spaziergang*
spazieren fahren   *der Spazierstock*

> „spazieren" und seine Ableitungen schreibt man nur mit *-z-*.
> Von einem folgenden Verb wird es getrennt geschrieben.
> (Das Wort kommt übrigens vom italienischen „*spaziare*".)

→ *Getrenntschreibung* (Kap. 77); *Zusammenschreibung von Nomen* (Kap. 199); *Infinitive* (Kap. 88)

⚡ **Vorsicht:** *der Spatz* (*-tz!*)
            das Spazierengehen (als Nomen ein Wort!)

Test 152

Ergänze „soviel" oder „so viel":

1. Wir haben _____ gearbeitet, dass wir jetzt müde sind.

2. Wir haben _____ geschafft, wie wir konnten.

3. Wir haben _____e Ergebnisse erzielt, obwohl es _____e Schwierigkeiten gab.

4. _____ ich weiß, kommt er immer erst gegen 9 Uhr.

Test 153

Unterstreiche -st- und -sp- , wenn sie [ʃt] und [ʃp] gesprochen werden:

verstehen, basteln, herstellen, Stress,

versprechen, spitz, Kiste, zerstören, listig,

selbstständig, Obst, Wespe.

> lno **Lübeck**
> 75 Segelschiffe aus zwölf Nationen beteiligten sich am gestrigen Samstag an einer Einlaufparade in den Hafen des Ostseebades Travemünde anlässlich der 100. Travemünder Woche.
> Angeführt wurde die fünf Stunden dauernde Parade von dem Großsegler „Sedov"; es folgten die „Mir", „Alexander von Humboldt" und „Krusenstern".

Test 154

Fülle die Lücken aus:

1. Wir wollen _____ gehen.

2. einen _____ gang machen

3. mit dem Hund _____ gehen

> Am Abend können Sie sich auf Ihr Hotelzimmer zurückziehen. Oder Sie genießen bei einem beschaulichen Spaziergang die abendliche Stille.

-ss- / -ß-

155 -ss / -ß: am *Wortende*

Nach kurzem Vokal:		Nach langem Vokal oder Doppellaut:	
Kuss	*(küssen)*	*Spaß*	*(Späße)*
Prozess	*(Prozesse)*	*Gruß*	*(Grüße)*
Imbiss	*(Imbisse)*	*Fleiß*	*(fleißig)*
Schluss	*(Schlüsse)*	*süß*	*(süßen)*

> Nach **kurzem Vokal** steht *-ss*, wenn es erweiterte verwandte Wortformen auf *-ss-* gibt.
>
> Nach **langem Vokal** und nach **Doppellaut** steht *-ß*, wenn es eine erweiterte Wortform auf *-ß-* gibt.

→ vgl. *-nis* (Kap. 115)

⚡ **Vorsicht:** Ausnahmen sind
– *Bus (Busse)*
– alle Wörter auf *-nis*: *Geheimnis (Geheimnisse)* …
– *das, des, was*
– *Tennis*

156 -ss- / -ß-: bei *Verbformen*

lassen	*du lässt, er lässt, ihr lasst, ich ließ, er ließ, sie ließen*
messen	*du misst, sie misst, ihr messt, ich maß, sie maß, sie maßen*
müssen	*ich muss, du musst, er muss, ihr müsst, ich musste, du musstest, er musste*
passen	*du passt, es passt, es passte, sie passten*
wissen	*ich weiß, du weißt, er weiß, er wusste, sie wussten*
heißen	*ich heiße, du heißt, er heißt, er hieß, sie hießen*
beißen	*ich beiße, du beißt, er biss, er hat gebissen*

> Nach **kurzem Vokal** steht *-ss*,
> nach **langem Vokal** oder **Doppellaut** *-ß*.

→ *Silbentrennung: -ss-/-ß-* (Kap. 147);
bis, Biss, bisschen (Kap. 36)

Test 155

1. Die Briefmarke zeigt das Heidelberger _____.

2. Der _____, über den die Brücke führt, ist der Neckar.

3. Jana hat mit ihrer Klasse eine Englandreise gemacht. „Na, hattet ihr keine Schwierigkeiten mit euren Englischkennt _____?" „Wir nicht, aber die Engländer."

Alpentour mit Postbus
Die Serpentinenstraßen der Schweiz können auch per Postbus erkundet werden. So bietet d...

Test 156

Ergänze -ss- oder -ß-:

1. Die Jacke pa_____t gut. 2. Die Farben pa_____en gut zusammen. 3. Ich mu_____ mich jetzt verabschieden. 4. Wir mü_____en uns jetzt trennen. 5. Wann mu_____t du morgen im Dienst sein? 6. La_____ die Tür offen! 7. Ich la_____e dich jetzt allein. 8. Er lie_____ lange nichts von sich hören. 9. Die Schwestern streiten sich. Der Vater: „Warum mü___t ihr immer eine andere Meinung haben?" „Aber wir haben die gleiche Meinung. Claudia will das größere Stück Kuchen _____ und ich auch!"

„Im Laufe seines Leben isst der Mensch etwa 75 000 bis 100 000 Mal und widmet dieser Tätigkeit 13 bis 17 Jahre seiner Lebenswachzeit, wenn man von 16 Wachstunden pro Tag ausgeht".

157 -ss- / -ß-: im *Wortinnern*

Nach kurzem Vokal:

müssen
Tasse
wässrig
Flüsse ...

Nach langem Vokal oder Doppellaut:

Grüße, Muße ...
heißen, fleißig, außen ...

> Im *Wortinnern* schreibt man für das stimmlose -s- nach **kurzem Vokal:** -ss- .
>
> Im *Wortinnern* schreibt man für das stimmlose -s- nach **langem Vokal** und **Doppellaut:** -ß- .

→ *Silbentrennung:* -ss-/-ß- (Kap. 147)

„Mami, wie haben die Leute früher, als es noch kein Werbefernsehen gab, gewusst, was sie essen müssen?"

*

158 *statt- / -stätte / Stadt*

stattdessen (ein Wort)
anstatt
stattfinden
die Werkstatt
die Gaststätte
die Raststätte

die Stadt
die Großstadt
der Städtebau
die Stadtmitte
die Städte Berlin und Hamburg
städtisch

> Das Wort „*Stadt*" und seine Ableitungen schreibt man mit -dt- .
>
> Alle Zusammensetzungen mit *statt-, -stätte* dagegen mit -tt- .

Streik

Athen (dpa). – Zwei Millionen griechische Arbeiter und Angestellte haben sich am Donnerstag an einem Generalstreik beteiligt. Das öffentliche Leben in Athen und anderen Städten war lahmgelegt.

Test 157

Ergänze -ss- oder -ß- :

1. Er ist zuverlä_____ig.

2. Er will sich nicht beeinflu_____en la_____en.

3. Trotz seines Einflu_____es war er machtlos.

4. Die Sitzung des Ausschu_____es beginnt um 18 Uhr.

5. die Blumen gie_____en

6. ein gro_____er Erfolg

7. viele Sü_____igkeiten e_____en

8. Der Lehrer fragt: „Was ist flü_____iger als Wa_____er?" –

   Der Schüler: „Schularbeiten. Die sind überflü_____ig."

Test 158

Ergänze:

1. Paris ist die Haupt_____ von Frankreich.

2. die Innen_____ von München

3. das Auto in die Werk_____ bringen.

4. Das Klassenfest findet morgen _____.

Das Erstaunliche an der Völkerwanderung ist, dass sie ganz ohne Reisegesellschaft stattfinden konnte.

ACHT MILLIONEN DM Einnahmen erhoffte sich die Kölner Stadtverwaltung 1995 aus ihren insgesamt 4800 Parkuhren. Tatsächlich, so meldet der Automobilklub KVDB, kamen nur 135 000 Mark zusammen, ganze 30 Mark pro Uhr.

stehen | Steigerung | Stiel

159 *stehen, stets*

stehen	Sie ist *stets* pünktlich.
er steht	Sie ist *stets* gut angezogen.
Wie geht's, wie steht's?	Ebenso: *stetig*

> Das **Verb** „*stehen*" schreibt man mit -h- .
> Das **Adverb** „*stets*" (= immer) schreibt man ohne -h- .

160 *Steigerung*

⚡ nicht:

absolut:	*absoluter* Unsinn	der *absoluteste* Unsinn
einzig:	der *einzige* Fehler	der *einzigste* Fehler
maximal:	ein *maximales* Ergebnis	das *maximalste* Ergebnis
total:	ein *totales* Missverständnis	das *totalste* Missverständnis

> Wörter wie „*absolut, einzig, maximal, total …*", die dem Sinne nach schon wie ein Superlativ verwendet werden, können **nicht gesteigert** werden.

161 *Stiel / Stil*

der *Besenstiel*	der klassische *Stil*
die Bratpfanne am *Stiel* anfassen	der moderne *Stil*
Eis am *Stiel*	die *Stilmöbel*
der *Blumenstiel*	einen klaren *Stil* schreiben
der *lange Stiel* der Rose	sein persönlicher *Stil*

> „*Stiel*" bedeutet „**Griff, Stängel**".
> „*Stil*" bedeutet „**Kunstrichtung, Ausdrucksform**".

S

Test 159

Ergänze die Lücken:

1. Er hat _____ sorgfältig gearbeitet.

2. So _____ in seinem Zeugnis.

3. Er hat sich _____ für seine Kollegen eingesetzt.

4. Er war _____ bemüht, allen Anforderungen zu genügen.

Test 160

Ist eine *Steigerung* möglich?

1. Das ist die _____ Möglichkeit. (einzige)

2. _____ Qualität wird garantiert. (erstklassige)

3. Mein Bruder ist der _____ Mensch. (unordentlich)

4. Das war eine _____ Enttäuschung. (riesengroß)

Test 161

Fülle die Lücken aus:

1. Die Kathedrale ist im gotischen _____ gebaut.

2. Der Text enthält _____ istische Ungeschicklichkeiten.

3. _____ augen machen

4. Wir essen Eis am _____.

5. den Besen _____ zerbrechen

Straßennamen | Tageszeiten

162 *Straßennamen*

a) **Normalerweise:**

Schlossstraße
Bahnhofstraße
Beethovenstraße
Drosselgasse
Kurfürstendamm
Neumarkt

b) **Orts- und Ländernamen:**

Berliner Straße
Frankfurter Allee
Schweizer Platz

c) **Mehrere Wörter:**

Albrecht-Dürer-Straße
Heinrich-Heine-Platz
Kaiser-Friedrich-Ring
Kurt-Schumacher-Damm

> Zweiteilige *Straßennamen* werden **zusammengeschrieben.** (a)
>
> *Straßennamen* auf -er, die von Orts- oder Ländernamen abgeleitet sind, schreibt man in **zwei Wörtern.** (b)
>
> Setzt sich ein *Straßenname* aus mehreren Wörtern zusammen, werden **Bindestriche** verwendet. (c)

⚡ **Vorsicht:** *Langer Graben.*   **Getrennt** schreibt man *Straßennamen* aus Adjektiv + Straße, wenn das Adjektiv eine Endung hat.

➡ *Bindestrich bei zusammengesetzten Nomen* (Kap. 34)

163 *Tageszeiten*

Nomen:

		Adverb/Adjektiv:
der *Abend*	des *Abends*	*a*bends
heute *Abend*	den *Abend* über	um 20 Uhr *a*bends
morgen *Abend*	dieser *Abend*	*a*bendlich
gestern *Abend*	jeder *Abend*	*dienstaga*bends
am *Abend*	gegen *Abend*	*d*ienstags *a*bends
es wird *Abend*	eines *Abends*	
am *Dienstagabend*	„Guten *Abend*!"	

Ebenso: *Morgen, Mittag …*

> Als **Nomen** werden die *Tageszeiten* **großgeschrieben.**
>
> Als **Adverbien** und **Adjektive** schreibt man sie **klein.**

➡ *Wochentage* (Kap. 187)

Putzhilfe gesucht. 1-2x wöchentlich vormittags.

Test 162

Ergänze die Lücken und fehlenden Zeichen:

Wir sind in Köln.

1. Wo ist die Bonner _____ (Straße)?

2. Wo ist die Friesen _____ (Straße)?

3. Wo ist die Schilder _____ (Gasse)?

4. Wo ist das Kaiser-Friedrich _____ (Ufer)?

5. Wo ist die Köln-Deutzer _____ (Brücke)?

Innenstadt-Nord. Leicht verletzt wurde ein 14-jähriger Junge bei einem Unfall, der sich am Donnerstagmorgen auf der Lützowstraße ereignete.

Test 163

Fülle die Lücken aus:

(*a/A:*)

1. heute ____bend 2. diesen ____bend 3. morgen ____bend 4. ____bends

5. gegen ____bend 6. am Sonntag ____bend 7. „Guten ____bend!"

(*m/M:*)

8. am frühen ____orgen 9. Ich komme ____orgen. 10. ____orgen früh

11. am Sonntag ____orgen

(*m/M:*)

12. jeden ____ittag 13. heute ____ittag

14. gegen ____ittag

15. ____ittags eine Pause machen

In Göteborg musste am Freitagabend eine britische Boeing 737 auf dem Weg nach London mit mehr als 100 Fluggästen notlanden. Der Pilot hatte kurz nach dem Start in Helsinki ein Feuer im rechten Triebwerk entdeckt.

164 -th-

Apotheke	*katholisch*	*sympathisch*	*Thermostat*[7]
Asthma[1]	*Mathematik*	*Theater*	*These*
Athlet[2]	*Methode*[4]	*Theke*[6]	*Thron*
Bibliothek	*Orthographie*[5]	*Thema*	*Thunfisch*
Diphtherie	(auch: *Orthografie*)	*Theologie*	(auch: *Tunfisch*)
Diphthong[3]	*Panther*	*Theorie*	*Thymian*
Diskothek	(auch: *Panter*)	*Thermometer*	*Zither* ...
Kathedrale	*Sympathie*	*Thermosflasche*	

Einige *Fremdwörter* schreibt man mit -th-.

→ *Silbentrennung (Grundregeln)* (Kap. 144)

? [1] Krankheit [2] Wettkämpfer, Sportler [3] Doppellaut [4] planmäßiges Vorgehen
   [5] Rechtschreibung [6] Ladentisch [7] Temperaturregler

165 Tod / tod- / tot

(1) der Tod (des Todes)
    die Todesangst
    die Todesstrafe
    der Todfeind
        tödlich

(3) todkrank
    todmüde
    todsicher
    todernst
    todblass

(2) der Tote / die Toten
    der Totenkopf
    der Totensonntag
    die Tötung
    tot sein
    totschießen
    totschlagen
    töten
    tot geboren
    totenblass

> (1) Ist bei Wortzusammensetzungen oder vom Wort „*Tod*" abgeleiteten verwandten Wörtern das **Nomen** „*der Tod*" das **Bestimmungswort,** schreibt man sie mit -d-.
>
> (2) Ist dagegen „*tot/der Tote*" das **Bestimmungswort,** schreibt man sie mit -t-.
>
> (3) Soll ein Ausdruck in seiner Aussage durch die Zusammensetzung nur **verstärkt** werden, schreibt man -d-.

Test 164

Waagerecht:

1. worum es geht
3. Schulfach
4. Anhänger der kath. Kirche
5. Geschäft für Medikamente

Senkrecht:

1. Schauspielhaus
2. Sportler

Fülle die Lücke aus:

„Papi, wir lernen jetzt Or___ographie!"
„Typisch Gesamtschule! Die sollten euch lieber Rechtschreibung beibringen."

Im Notfall

Apotheken:
Hippo-Apotheke, Neutorstraße 72, ☎3 12 22.

Test 165

Ergänze -d- oder -t-:

1. Das Gift ist tö____lich.

2. die To____esangst

3. den To____en bestatten

4. Er ist to____krank.

5. Mein Opa ist schon lange to____.

6. Die To____esstrafe ist in Deutschland abgeschafft.

7. Wenn auf dem Tisch vier Fliegen sitzen und eine wird ____geschlagen, wie viele bleiben übrig? – Nur die _____, die andern sind weggeflogen.

In den Tod gerast

Lüdenscheid. (hgm) Tödlich verunglückt ist Montagabend ein 34-jähriger Motorradfahrer aus Lüdenscheid, der mit einer 29-jährigen Bekannten auf seiner Honda frontal in einen Opel Vectra raste. Die junge

Überschriften

166 Überschriften: *Grundregeln*

Der Schimmelreiter
Deutsche Grammatik
Das habe ich in der *„Frankfurter Allgemeinen Zeitung"* gelesen.

> Nach *Überschriften* steht kein Punkt.
> *Titel und Überschriften* stehen in *Anführungszeichen,* wenn sie zitiert werden.

→ *Anführungszeichen* (Kap. 15); *Zitate* (Kap. 198)

167 Überschriften und Titel: *Artikel, Prädikat*

„Die Räuber" von Schiller werden neu inszeniert.
└──── Plural ────┘

Thomas Mann ist der Verfasser des *„Zauberbergs".*

Das habe ich im *„Spiegel"* gelesen.   (⚡ nicht: in *„Der Spiegel"*)

> Wenn der *Buchtitel* im Plural steht, steht das *Prädikat* auch im **Plural.**
>
> Zitierte Überschriften und Titel werden **dekliniert,** der **deklinierte Artikel** bleibt außerhalb der Anführungszeichen.

→ *Anführungszeichen* (Kap. 15); *Zitate* (Kap. 198)

168 *umso*

umso mehr   Aber:
umso größer   *um zu*
umso weniger

> *„umso"* wird vor einem gesteigerten Adjektiv/Adverb in **einem Wort** geschrieben.

⚡ **Vorsicht:** Ich nahm den Bus, *um so* (= auf diese Weise) schneller ans Ziel zu kommen. (= finaler Nebensatz!)

Wenn *„um so"* als Konjunktion einen finalen Nebensatz einleitet, wird es **getrennt geschrieben.**

Test 166

Ergänze alle Satzeichen der Werke, die möglicherweise in der Klasse 9 gelesen werden:

Die Judenbuche von Droste-Hülshoff

Das Feuerschiff von Lenz

Habt ihr auch von Zweig die Schachnovelle gelesen?

Explosion in Atomfabrik

Test 167

Fülle die Lücken aus:

1. Lenz ist der Verfasser _____. („Das Feuerschiff")

2. Das ist die unheimlichste Stelle aus _____
   von Theodor Storm. („Der Schimmelreiter")

3. Diese lustige Szene kommt _____
   vor. („Der Hauptmann von Köpenick")

19. 6. bis 5. 6.
Bei den Bad-Hersfelder-Festspielen in der Stiftsruine, werden Kleists „Zerbrochener Krug", „Kohlhaas" von Harald Mueller, Goethes „Faust I" und Hugo von Hofmannsthals „Jedermann" aufgeführt.

1729 — In der Thomaskirche zu Leipzig wird die „Matthäuspassion" von Johann Sebastian Bach uraufgeführt.

Wilhelm Busch: In Grenoble feierten die Veranstalter des 2. Europäischen Comic-Strip-Salons Wilhelm Busch als Vater des Comics. Sein „Max und Moritz" war vor 125 Jahren der erste Comic der Geschichte gewesen. (S. 28)

Test 168

Ergänze „umso":

1. _____ eher 2. _____ früher 3. _____ schneller

4. _____ billiger 5. Je eher wir anfangen, _____ eher sind wir fertig.

169 und so weiter

und so weiter: usw.

> Beachte, wie „*und so weiter*" abgekürzt wird: *usw.*
> In Aufzählungen, die mit „*usw.*" enden, steht vor „*usw.*" **kein Komma.**

→ *Abkürzungen* (Kap. 1)

170 ur-, Uhr

urbar machen
der **Ur**wald
die **Ur**großeltern
der **Ur**laub, be**ur**lauben
die **Ur**kunde, be**ur**kunden
das **Ur**teil, be**ur**teilen
ursprünglich

die **Uhr**
die **Uhr**zeit
die Armband**uhr**

> „*ur-*" ist eine **Vorsilbe.**
> „*Uhr*" ist der **Zeitmesser.**

171 Vergleich

Maria ist so groß *wie* Peter.
Er verdient soviel *wie* ich.
Das Kind schreit *wie* verrückt.

Maria ist *kleiner als* Klaus.
Er verdient *weniger als* ich.

Umgangssprachlich oder veraltet:

Ich bin *so* klug *als wie* zuvor.

Er ist *größer wie* ich.

> Im *Vergleich* gebraucht man das Wort „*wie*" bei **Gleichheit,** das Wort „*als*" bei **Ungleichheit** nach dem Komparativ.

→ *Komma beim Vergleichsatz* (Kap. 103)

Test 169

Ergänze:

1. Unsere Ferienwohnung ist gut eingerichtet: Sessel, Tische, Betten, Liegestühle _____, alles ist da.

2. Auch die Küche ist voll ausgestattet: Töpfe, Teller, Tassen, Besteck _____ sind vorhanden.

Test 170

Ergänze:

1. Der _____wald 2. die _____laubszeit

3. im _____laub verreisen 4. Seine _____großeltern leben noch.

5. die Sieger_____kunde 6. die Stopp_____

7. Das ist eine Armband_____.

Test 171

Ergänze „wie" oder „als":

1. Die Prüfung war schwerer, _____ wir erwartet hatten.

2. Die Ergebnisse sind besser _____ erwartet.

3. Die Freude war so groß _____ noch nie.

4. Peter hat so gute Zensuren bekommen _____ sein Freund.

172 verlieren

verlieren (ohne -h-)
verloren (ohne -h-)

„verlieren", „verloren" schreibt man ohne -h-.

173 viel/viele

Menge:	**Anzahl:**
so viel Geld	so viele Geschenke
viel Besuch	viele Gäste

„viel" bezeichnet eine **Menge;** das folgende Nomen steht im Singular.

„viele" bezeichnet eine **Anzahl;** das folgende Nomen steht im Plural.

Beachte:

ein *viel diskutiertes* Buch
ein *viel sagender* Blick

Die Verbindung von „viel" (Adverb) und Partizip wird getrennt geschrieben.

→ *soviel/so viel* (Kap. 152); *wie viel* (Kap. 185)

174 vielleicht

	Silbentrennung:
vielleicht	viel-leicht

„vielleicht" wird mit -ll- geschrieben.

Test 172

Fülle die Lücken aus:

1. Ich habe meinen Ausweis verl_____.

2. Ich suche den verl_____ Ausweis überall.

3. „Wie konntest du ihn nur verl_____?"

Verloren/Gefunden

Test 173

Ergänze „viel" oder „viele":

1. Du machst noch sehr _____ Fehler.

2. Wir haben noch _____ Probleme.

3. Das kostet alles sehr _____ Zeit.

4. Ich wünsche dir _____ Glück.

6. Das ist ein _____ gekauftes Buch.

5. So viel_ Gescheuke!

Test 174

Fülle die Lücken aus:

1. V_____ ist es schon zu spät.

2. V_____ gibt es doch noch Hoffnung.

175 viel zu / zu viel

viel zu groß

viel zu teuer

        zu viel
viel zu viel

        zu viele Fehler
viel zu viele Fehler

Ebenso: viel zu wenig
            zu wenig

> „viel zu"/„zu viel" und Ableitungen davon schreibt man in **zwei Wörtern**.

176 Vokalverdoppelung

-aa-:

Aal, Haar, Paar, Saal, Saat, Staat, Waage, waagerecht ...

-ee-:

Beere, Beet, Heer, Klee, leer, Reeder, Schnee, See, Seele, Teer ...

-oo-::

Boot, doof, Moor, Moos, Zoo ...

> Bei einigen deutschen Wörtern wird der **lange Vokal** durch *Vokalverdoppelung* ausgedrückt.

! **Beachte:** *-i-* und *-u-* werden nicht verdoppelt.

⚡ Vorsicht: der Saal   aber: die Säle
                              der Salon

            die Seele   aber: die Seligkeit
            seelisch   aber: selig

Test 175

Ergänze „viel":

1. Die Wohnung ist _____ zu teuer.

2. Sie kostet _____ zu _____.

3. Die Renovierung würde _____ zu _____ Geld kosten.

4. Die Wohnung hat _____ zu _____e Mängel.

5. Sie ist in einem _____ zu schlechten Zustand.

> *Niederlagen stählen, aber eben nur, wenn es nicht zu viele werden.*
> Willy Brandt, 1913–1992.

Test 176

Fülle die Lücken aus:

1. Im Winter fällt _____.

2. sich die _____ kämmen

3. die Johannis_____ pflücken

4. im B_____ auf dem S_____ rudern

5. im Hör_____ sitzen

6. der Friseurs_____

7. die S_____igkeit

8. Die S_____ ist unsterblich.

■ SEEADLER
Mit rund 145 Brutpaaren ist 1995 in Deutschland der größte Bestand an Seeadlern seit 100 Jahren ermittelt worden. Die meisten Tiere der vom Aussterben be...

Erdbeer-Rhabarber-Gelee mit Vanillequark

während | wahr | weil

177 während

während

> „während" schreibt man mit *-h-*.

178 wahr, war

*Das ist **wahr**.* *Sie **war** zu Hause.*
*Nicht **wahr**?* *Er **war** nicht da.*
*die **Wahr**heit*
***wahr**scheinlich*
***wahr**nehmen*
*be**wahr**en*
*aufbe**wahr**en ...*

> „wahr" (= wirklich) und alle verwandten Wörter schreibt man mit *-h-*.
>
> „war" (ohne *-h-*) ist eine Vergangenheitsform des Hilfsverbs „sein".

179 weil / da, denn

Nebensatz:	Hauptsatz:	Nebensatz:
	Ich bin nicht gekommen(.) Denn ich hatte keine Zeit.	..., weil ich keine Zeit hatte.
Da ich keine Zeit hatte,	bin ich nicht gekommen.	

> „weil" und „da" leiten einen **Nebensatz** (Gliedsatz) ein.
>
> „da" gebraucht man, wenn der Nebensatz (Gliedsatz) dem Hauptsatz **vorausgeht,** „weil", wenn der Nebensatz **nachgestellt** wird.
>
> „Denn" leitet einen **Hauptsatz** ein und begründet den vorangegangenen Hauptsatz.

Test 177

Ergänze:

1. _____ der Arbeitszeit 2. Wir _____ gern verreist, aber mein Vater muss _____ der Sommermonate arbeiten.

Test 178

Ergänze:

1. Nicht _____ ? 2. Das ist _____. 3. Das _____ nicht sehr schwer. 4. die _____ Freunde 5. Sie _____ Freunde. 6. Meine Freunde _____ alle dabei. 7. Es _____ schon zu spät. 8. Seine _____ Gefühle _____ nicht zu erkennen.

Test 179

Fülle die Lücken aus:

1. _____ ich neu zugezogen bin, melde ich mich hiermit beim Einwohnermeldeamt.

2. Ich lege hiermit Widerspruch ein, _____ der Bescheid falsch ist.

3. Eine Mahngebühr ist nicht gerechtfertigt, _____ ich habe die Rechnung rechtzeitig bezahlt.

> Mitfahrer auf dem Rücksitz eines Autos sollten sich unbedingt anschnallen. **Denn** bei Autounfällen werden die hintensitzenden Personen ebenso oft verletzt wie die auf den Vordersitzen. Auch sind die Verlet-

180 weisen / wissen

Ich *weise* den Vorwurf *zurück*.
Er *weist* darauf *hin*.

Wir *wissen* zu wenig *darüber*.
Er *weiß* keine Antwort.

Beachte: Das Haus ist *weiß*.

Die Farbe „*weiß*" und alle verwandten Wörter schreibt man mit -ß-.

> „*weisen*" und alle verwandten Wörter schreibt man mit -s-.
> „*wissen*" und alle verwandten Wörter schreibt man mit -ss- oder -ß-.

→ -ss-/-ß- (Kap. 156)

181 wenigstens / mindestens

Wenn er *wenigstens* einmal anrufen würde.

Er sollte sich *wenigstens* entschuldigen.

Ich habe *mindestens* dreimal angerufen.

Das Haus kostet *mindestens* € 200 000,–.

> „*wenigstens*" bedeutet, dass es *nicht weniger* sein darf.
> „*mindestens*" bedeutet, dass es auch *mehr* sein kann.

182 wert / Wert

Adjektiv:

Das Kunstwerk ist € 10 000 *wert*.
Das ist nicht der Mühe *wert*.
wertvoll, wertlos …

Nomen:

Ein Kunstwerk von großem *Wert*.
Der *Wert* des Geldes.

> Als **Adjektiv** schreibt man „*wert*" **klein**.
> Nur als **Nomen** schreibt man „*Wert*" **groß**.

W

Test 180

Ergänze:

1. Sie _____ alle Vorwürfe zurück. 2. Sie _____ von nichts.

3. Er be_____ seine Behauptung. 4. Der Be_____ ist eindeutig.

5. Das _____ du so gut wie ich. 6. Die Tischdecke ist _____.

7. die _____schaft 8. der Wegw_____ 9. einen Hin_____

geben 10. den Nach_____ erbringen 11. _____ du nun Bescheid?

Test 181

Ergänze „wenigstens" oder „mindestens":

1. Es waren _____ 10 000 Zuschauer im Stadion.

2. Die Mannschaft sollte _____ unentschieden spielen: eine Niederlage wäre sehr schlimm.

3. Es gab _____ fünf gute Torchancen, vielleicht sogar noch mehr.

Test 182

Ergänze „wert" oder „Wert":

1. Das ist nicht der Rede _____.

2. Das hat keinen _____.

3. Ich lege darauf großen _____.

4. Der _____ vieler Antiquitäten steigt.

183 wider(-) / wieder(-)

wider Willen
widerhallen
widerlegen
widerlich
widerrechtlich
Widerrede
widerrufen
sich widersetzen
widerspiegeln
widersprechen
Widerspruch
Widerstand
widerstreben
widerwillig …
erwidern
unwiderlegbar
unwiderruflich
unwiderstehlich …

wieder
Wiederaufbau
wiederkommen
wiederbringen
Wiedergabe
wiederholen
Wiederholung
wiederbekommen
Wiederverwertung …
wiedergeben (= schildern, darstellen)
unwiederbringlich
hin und wieder …

aber getrennt: wieder geboren, wieder aufführen, wieder verwenden, wieder vereinigt, wieder eröffnet, wieder gutmachen wieder erkennen wieder finden wieder sehen wieder herstellen …

> „wider" bedeutet „gegen". Verbindungen mit „wider" werden **zusammengeschrieben.**
>
> „wieder" bedeutet „noch einmal, erneut; zurück".
> Im Sinne von „noch einmal, erneut" schreibt man **meist getrennt.**

184 wieso …

wieso (= warum)
sowieso

(in)wieweit
inwiefern

wie lange
wie oben
wie oft
wie immer
wie sehr
wie viel
wie wenig

> **In einem Wort** schreibt man „wieso, sowieso, inwieweit, inwiefern".
>
> Alle anderen Verbindungen mit „wie" werden in **zwei Wörtern** geschrieben.

→ wie viel (Kap. 185)

Test 183

Ergänze:

1. Dieses Argument ist nicht zu _____ legen. 2. Ich kann dir nicht _____ sprechen. 3. Wir sollten entschiedenen _____ leisten. 4. Könntest du die Frage noch einmal _____? 5. Ich tue das nur sehr _____ willig. 6. Bitte keine _____ rede! 7. Das Bild spiegelt die Gefühle des Malers _____. 8. Auf _____! 9. Ich möchte es gerne _____ machen. 10. Das _____ eröffnete Geschäft läuft gut.

Vor 78 Jahren, 1919, begann der kurze Weg der Weimarer Republik. Der Versuch, zum ersten Mal in der deutschen Geschichte ein demokratisches, parlamentarisches System zu errichten, war von Anfang an begleitet vom massiven Widerstand mächtiger Kräfte, die sich nach wie vor dem alten monarchistischen Staatswesen verpflichtet fühlten und die an Einfluss nicht verloren hatten. Die Geschichte Weimars ist von der ersten S... die Geschichte eine...

Widerstandsfähige Hühner
Wissenschaftler versuchen derzeit, Hühner gentechnisch zu verändern: Diese sollen gegen bestimmte Krankheiten (wie Salmonellose) widerstandsfähig werden, die beim Menschen zu Nahrungsmittelvergiftungen führen können.

Test 184

Ergänze „wie" oder „... wie ...":

1. _____ so geht das nicht?

2. Ich habe so _____ so keine Zeit.

3. Wir treffen uns _____ immer um 18 Uhr.

4. _____ lange willst du noch warten?

5. _____ oft warst du schon bei mir?

WIE LANGE WILLST DU NOCH WARTEN?

185 wie viel

Frage nach der **Menge:** Frage nach der **Anzahl:**

Wie viel Bier? *Wie viele Flaschen Bier?*
Wie viel Mehl? *Wie viele Esslöffel Mehl?*
Wie viel Zeit? *Wie viele Bücher?*

> „wie viel" und Ableitungen davon werden immer in **zwei Wörtern** geschrieben.

→ *viel/viele* (Kap. 173); *viel zu/zu viel* (Kap. 175); *soviel/so viel* (Kap. 152)

186 wird, Wirt

Es wird dunkel. der *Gastwirt*
Die Gaststätte wird geschlossen. der *Diplomvolkswirt*
 seine *Gäste bewirten*

> „wird" ist eine Form des Hilfsverbs „werden" und wird mit *-d* geschrieben.
>
> Alle Ableitungen der Berufsbezeichnung „Wirt" werden mit *-t-* geschrieben.

Hallo, Herr Wirt!

Test 185

Ergänze „*wie viel*" oder „*wie viele*":

1. _____ Zucker braucht man für den Kuchen?

2. _____ Milch?

3. _____ Eier?

4. _____ Hefe?

5. _____ Rosinen?

6. _____ Gäste werden kommen?

7. _____ Stühle brauchen wir?

8. _____ Gläser?

9. _____ Teller?

Test 186

Ergänze:

1. Der _____ steht hinter der Theke.

2. beim _____ eine Bestellung aufgeben

3. das _____haus

4. Das _____ sehr teuer!

5. Morgen _____ es sicherlich regnen.

187 Wochentage

Nomen:

der Sonntag
eines (des) Sonntags
an Sonn- und Feiertagen
jeden Sonntag
den Sonntag über
am Sonntag
am Sonntagabend
(am) Sonntag früh

Adverb/Adjektiv:

sonntags
sonn- und feiertags
sonntäglich
sonntägig
sonntagabends

> Als Nomen werden die *Wochentage* **großgeschrieben.**
>
> Als Adverbien und als Adjektive werden sie **kleingeschrieben.**

→ *Tageszeiten* (Kap. 163)

188 Wörter / Worte

die *Wörter* buchstabieren
einige *Wörter* im *Wörterbuch* suchen

Das waren Großvaters *letzte Worte.*
die *Begrüßungsworte*

> „*Wörter*" sind **einzelne Wörter.**
>
> „*Worte*" sind **Äußerungen, ganze Sätze.**

189 -x- / -chs- / -cks- / -gs- / -ks-

flexibel	*wechseln*	*Klecks*	*anfangs*	*Keks*
mixen	*wachsen*	*Knacks*	*neuerdings*	*Koks*
boxen	*Fuchs*	*mucksen*	*rings*	*links*
Text	*sechs*	*zwecks*	*unterwegs*	…

> Statt gesprochenem -*x*- wird in manchen Wörtern -*chs*-, -*cks*-, -*gs*-, -*ks*- geschrieben.
>
> (Man muss diese Wörter einzeln lernen, da es **keine Regeln** für die Schreibung gibt.)

W/X

Test 187

Ergänze *s-* oder *S-*:

1. Wir wollen _____onntags ins Grüne fahren.

2. Dieser Zug verkehrt nicht an _____onn- und Feiertagen.

3. der _____onntägliche Besuch bei der Oma

4. am _____onntag_____orgen lange im Bett bleiben

5. Ich sehe _____amstagabends immer die „Sportschau".

Apotheken-helferin
zz. PTA-Schule, sucht stundenweise und samstags Tätigkeit, auch branchenfremd.
Zuschr. unter 36 A 46993.

Test 188

Ergänze „*Worte*" oder „*Wörter*":

1. Was soll ich sagen? Da fehlen mir die _____.

2. Wie werden diese Fremd_____ geschrieben?

3. Ich schlage die _____ im Duden nach.

4. Lass die großen _____!

Test 189

Fülle die Lücken aus:

1. den Te_____t lesen

2. Geld we_____eln 3. E_____port

4. fle_____ibel reagieren

5. ein schneller Refle_____

6. Anfan_____ gab es Schwierigkeiten.

Die Musikbox wird 100 Jahre alt. Und alte Exemplare sind heute gesuchte Sammlerobjekte.

Jeden Donnerstag ab 11 Uhr
Frisch gegrillte Schweinehaxen
Stück **3.90**

190 -y-, gesprochen wie -ü-

Analyse[1]	Mythos[5]	Pyjama[7]	System
anonym[2]	Olympiade	Pyramide	typisch
Dynamik[3]	Physik	Rhythmus	Tyrann[8]
Gymnastik	Pseudonym[6]	Symbol	Zypresse[9] ...
Lyrik[4]	Psychologie	Sympathie	

In einigen *Fremdwörtern* schreibt man -y- statt -ü-.

! **Beachte:**

Oxid, Oxidation, oxidieren, Dioxid.
Aber: *Oxygen* = Sauerstoff

? [1] systematische Untersuchung [2] ohne Namensangabe [3] Lehre von den Kräften, Bewegungskraft [4] Dichtung [5] Sage von Helden usw. [6] Deckname [7] Schlafanzug [8] Gewaltherrscher [9] Baum des Mittelmeergebietes

191 -z- / -tz-

-z-

a) nach langem Vokal oder Doppellaut:

duzen, Strapaze ...
Heizung, Kreuz ...

b) nach l, n, r:

Holz, Salz
Prinz, tanzen
Arzt, Herz

-tz-

c) nach kurzem Vokal:

Hitze, Satz,
sich verletzen ...

Nach **langem Vokal** oder **Doppellaut** schreibt man -z-. (a)
Nach **l, n, r** schreibt man immer -z-. (b)
Nach **kurzem Vokal** schreibt man -tz-. (c)

Vorsicht bei einigen Fremdwörtern:

Quiz, spazieren, Rezept ...

→ *spazieren* (Kap. 154)

Y/Z

Test 190

Welches Wort ist gemeint?

1. eine Naturwissenschaft: _____

2. Sinnbild/Wahrzeichen: _____

3. Schwung, Bewegung: _____

4. Ordnungsprinzip: _____

5. Sage, Legende: _____

6. charakteristisch: _____

Weil das Gehirn jedes Menschen anders ist, hat auch jeder seine eigene Art und Weise zu lernen. Welcher „Lerntyp" man ist, hängt damit zusammen, wie sich das Gehirn in der ersten Zeit nach der Geburt ausprägt. Dieses Grundmuster entscheidet darüber, wie wir lernen: ob man ein Sehtyp, ein Hörtyp, ein Fühltyp, ein verbaler Typ oder ein Gesprächstyp ist.

Die Lüneburger Heide gilt als Inbegriff einer idyllischen Urlaubsregion jenseits jeglicher Hektik. Die Orte sind überschaubar, das Essen ist landestypisch.

Test 191

Ergänze -z- oder -tz-:

1. schwar_____ auf weiß

2. wie ein Bli_____ aus heiterem Himmel

3. „Kur_____" ist der Gegensa_____ zu „lang".

4. Je_____t will Peter einen Wi_____ erzählen.

Herztransplantation
    Münster – An den Universitätskliniken in Münster ist erstmals ein Herz verpflanzt worden. Empfänger war ein 34-jähriger Mann, Org

Junges, modernes Praxisteam
im Dortmunder Süden
sucht einsatzfreudige
Zahnarzthelferin
für Stuhlassistenz,
mit viel Interesse am Beruf.

192 -z- / -z

Differenz	entsprechend:	*Differenzial*	(auch: *Differential*)[1]
		differenziell	(auch: *differentiell*)[1]
Existenz	entsprechend:	*existenziell*	(auch: *existentiell*)[2]
Justiz	entsprechend:	*justiziabel*	(auch: *justitiabel*)[3]
Potenz	entsprechend:	*Potenzial, potenziell*	(auch: *Potential, potentiell*)[4]

> **Nomen** und **Adjektive,** die von Nomen auf -z abgeleitet sind, kann man auch mit -z- schreiben.

? [1] Ausdrücke aus der Mathematik [2] lebenswichtig [3] richterlicher Entscheidung unterworfen [4] Möglichkeit, Leistungsfähigkeit; möglich

Zahlen

193 Zahl + Zusatzsilbe / Zusatzwort

Zusatzsilbe:

1000stel Sekunde
20er Jahre
8fach

Zusatzwort:

3-mal
100-prozentig
das 10-jährige Kind
die 3-wöchige Reise
der 14-tägige Aufenthalt

> *Zusatzsilben* werden **zusammengeschrieben** mit ihrem zugehörigen Wort.
>
> *Zusatzwörter* werden mit **Bindestrich** an die *Zahl* angefügt.

→ Bindestrich bei Ziffern und Nomen (Kap. 33); -mal/Mal (Kap. 108)

194 Zahlen: Substantivierte (Ordnungs)zahlen

Sie wurde im Weitsprung *die Dritte.*
Jeder Zehnte hat einen PC.
Die verhängnisvolle *Dreizehn* …

> *(Ordnungs)zahlen,* die als **Nomen** gebraucht werden, schreibt man **groß**.

Z

Test 192

Welche Adjektive gehören zu den Nomen?

1. Differenz: _____

2. Substanz: _____

Erfahrung

Leistung

Kompetenz

Test 193

Schreibe die *Zahlwörter* in *Ziffern*:

1. hundertprozentig: _____

2. hundertstel Sekunde: _____

3. ein achtjähriges Kind: _____

_____

4. die vierköpfige Familie: _____

_____

5. eine fünfstellige Zahl: _____

_____

Hallo Claudia!
Herzlichen Glückwunsch
zum 21sten Geburtstag.

Von Wolfi

Test 194

Ergänze die Lücken mit Wörtern anstelle der Ziffern in Klammern:

1. Sie hatte vier _____ (= 1 als Note) im Zeugnis.

2. Ein _____ (= 2.) möchte ich noch erwähnen …

195 Zahlen: *Zahlwörter, Zahladjektive, Pronomen*

alle	*ein*
alles	*das eine*
alle diese	*der eine*
alles das	*die eine*
bei dem allen	
das alles	*jeder*
diese alle	*ein jeder*
dieses alles	
in allem	*jeglicher*
trotz allem	*ein jeglicher*
vor allem	
	am meisten
andere	*das meiste*
alles andere	*die meisten*
das andere	
der andere	*viel*
die andere	*viele*
ein anderer	*das viele*
etwas anderes	*die vielen*
jeder andere	*in vielem*
jemand anderes	
kein anderer	*wenig*
nichts anderes	*das wenige*
niemand anderes	*die wenigen*
unter anderem	*ein wenig*
zum einen … zum anderen	*zu wenig*
	einige(s) wenige
beide	*mit wenigem*
beides	*auf das wenigste (beschränken)*
alle beide	
die beiden	
wir beide	

> Diese *Zahladjektive, Zahlwörter und Pronomen* schreibt man **klein.** Auch wenn ein Artikel vorausgeht!

Test 195

Fülle die Lücken aus:

1. (*b/B:*) Ich kenne die _____eiden gut.

2. (*a/A:*) a) Das ist etwas _____nderes, trotz _____llem.

   b) Das _____lles ist nicht neu.

   c) Ich will nichts _____nderes.

3. (*j/J:*) Ein _____eder hätte das so gemacht.

4. (*w/W*) mit _____enigem zufrieden sein.

„Den ganzen Tag höre ich nichts anderes als: ‚Steh auf zum Frühstück, Norbert‘, ‚Steh auf zum Mittagessen, Norbert‘, ‚Steh auf zum Abendessen, Norbert‘."

196 Zeit / zeit

Nomen:

einige **Zeit**
eine **Zeit** lang
auf **Zeit**
von **Zeit** zu **Zeit**
zu seiner **Zeit**
zur **Zeit** Goethes

Adverb:

bei*zeit*en
der*zeit*
jeder*zeit*
seiner*zeit*
vor*zeit*en
zur*zeit*

! Beachte:

zeit + Genitiv: *zeit meines Lebens, zeitlebens*

„Zeit" wird nur als Nomen **großgeschrieben.**

197 ziemlich

ziemlich viel   *ziemlich schnell*

„ziemlich" wird ohne **-h-** geschrieben.

198 Zitate

Urtext:

Mit der neuen Rechtschreibung wird das Schreiben erleichtert, ohne dass dadurch das vertraute Schriftbild unserer Sprache wesentlich verändert würde.
(Duden-Neubearbeitung 1996: Vorwort)

Zitat:

Im Vorwort des Dudens steht, dass „*mit der neuen Rechtschreibung ... das Schreiben erleichtert*" wird, „*ohne dass ... das vertraute Schriftbild ... verändert würde.*"

Zitate stehen in **Anführungszeichen.**

Der **genaue Wortlaut** des Urtextes darf beim Zitieren **nicht verändert** werden.

Wenn der zitierte Text **verkürzt** wird, stehen **drei Punkte.**
Das gilt **nicht** für das **Zitatende.**

→ *Überschriften* (Kap. 166 und 167)

Z

Test 196

Ergänze „*zeit*" und „*Zeit*":

1. Wir haben dafür zur _____ keinen Bedarf.

2. Wir werden bei_____ unsere Bestellung aufgeben.

3. Das muss von _____ zu _____ wiederholt werden.

4. Ich stehe Ihnen jeder_____ zur Verfügung.

Test 197

Ergänze die Lücken:

1. Es war schon _____ spät. 2. Im Diktat sind _____ viele Fehler.

3. Wir hatten uns schon _____ lange nicht mehr gesehen.

Test 198

Urtext:

Mit der vorliegenden Neuauflage des Rechtschreibdudens verfolgt die Dudenredaktion das Ziel, auch die neue deutsche Rechtschreibung für die Allgemeinheit durchschaubar darzustellen.

(Duden-Neubearbeitung 1996: Vorwort)

Zitat: (Ergänze alle Satzzeichen)

Mit der vorliegenden Neuauflage des Rechtschreibdudens will die Dudenredaktion erreichen, dass

_____

_____

DAS MANUSKRIPT von Heinrich Heines Gedicht „Nachtgedanken" wurde im Londoner Auktionshaus Christie's für 46 200 Pfund, umgerechnet 140 500 Mark, von einem englischen Kunsthändler ersteigert. Berühmt ist das Gedicht vor allem wegen seiner beiden Anfangszeilen „Denk ich an Deutschland in der Nacht, dann bin ich um den Schlaf gebracht".

165

Zusammenschreibung | -zz-/-zz

199 Zusammenschreibung: Nomen und substantivierte Infinitive

Nomen:	**Verb:**
die Gefangennahme	*gefangen nehmen*
das Autofahren	*Auto fahren*
das Sitzenbleiben	*sitzen bleiben*
das In-den-Tag-hinein-Leben	in den Tag hinein leben
die Make-up-Empfehlungen	Makeup entfernen

> *Nomen* und *substantivierte Infinitive*, d.h. als Nomen gebrauchte Infinitive, schreibt man **groß** und **zusammen**, auch wenn die entsprechenden Verben (nach der Rechtschreibreform) **getrennt** geschrieben werden.
>
> Wortgruppen mit *Infinitiven* und *Nomen* werden meist durch **Bindestrich** verbunden.

→ Bindestrich bei zusammengesetzten Nomen (Kap. 34); Getrenntschreibung bei Verben (Kap. 77); Infinitive als Nomen (Kap. 88)

200 -zz-/-zz

Jazz	Pizza	Razzia
Muezzin[1]	Pizzikato[2]	Revoluzzer
Mezzosopran	Puzzle	Skizze ...

> Wörter mit -zz- sind im Deutschen selten.
> Merke dir die Fremdwörter mit -zz-.

> **Pizza, Pommes** und Kroketten, gibt's zu Preisen, die sind nicht mehr zu retten! Wo?
> **Tiefkühlkost - Fachmarkt,**

? [1] Gebetsausrufer [2] gezupfte Spielweise (bei Musikinstrumenten)

Test 199

Ein Wort oder zwei Wörter, groß oder klein?

1. das abhanden/kommen:

2. Uns ist nichts abhanden/gekommen:

3. Ihr sollt nichts liegen/lassen:

4. das liegen/lassen der Bücher:

Test 200

Rätsel:

1. Erster Entwurf.

2. Setzt sich aus vielen kleinen Teilen zusammen.

3. Polizeiaktion.

4. Musikrichtung.

Wie heißt das Wort senkrecht?

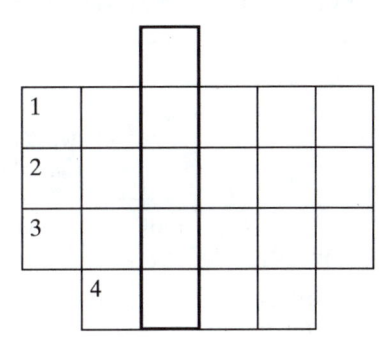

Grammatische Begriffe

Wer die Regeln für die Rechtschreibung, Silbentrennung, Zeichensetzung und die richtige Wortwahl verstehen will, braucht grammatische Kenntnisse.

Die **wichtigsten grammatischen Begriffe** sind auf den nächsten Seiten in **7 Übersichten** zusammengefasst.

Übersicht 1: *Buchstaben / Laute*

Vokale, Selbstlaute:	*Diphthonge,* Doppellaute:	Umlaute:	*Konsonanten,* Mitlaute:
a	ai, au	ä, äu	b, c, d
e	ei, eu		f, g, h
i			j, k, l, m, n
o		ö	p, q, r, s, t
u		ü	v, w, x, z
y			

Übersicht 2: *Deklination*, Beugung des *Nomens*

Kasus, Fall:	*Genus,* Geschlecht:			*Numerus,* Zahl:
	Maskulinum, männlich:	*Femininum,* weiblich:	*Neutrum,* sächlich:	
Nominativ, 1. Fall (Wer oder was …?)	der Vater	die Mutter	das Kind	*Singular,* Einzahl
Genitiv, 2. Fall (Wessen …?)	des Vaters	der Mutter	des Kindes	
Dativ, 3. Fall (Wem …?)	dem Vater	der Mutter	dem Kind(e)	
Akkusativ, 4. Fall (Wen oder was …?)	den Vater	die Mutter	das Kind	
Nominativ, 1. Fall	die Väter	die Mütter	die Kinder	*Plural,* Mehrzahl
Genitiv, 2. Fall	der Väter	der Mütter	der Kinder	
Dativ, 3. Fall	den Vätern	den Müttern	den Kindern	
Akkusativ, 4. Fall	die Väter	die Mütter	die Kinder	

Grammatische Begriffe

Übersicht 3: Hauptsatz / Nebensatz (Gliedsatz)

Unterscheidung von Haupt- und Nebensatz (Gliedsatz):

- **Hauptsätze:** Er liest.
  Er liest die Zeitung.
  Er will die Zeitung lesen.
  Er hat die Zeitung gelesen.
  Liest er die Zeitung? (Fragesatz)

- **Nebensätze:** ... *weil* er die Zeitung *lesen will.*
  (Gliedsätze) ... *dass* er die Zeitung *liest.*
  ... *der* die Zeitung *gelesen hat.*

Im Nebensatz muss die **finite** (= bestimmte, veränderte, konjugierte) **Verbform** am Ende stehen. Zwei Ausnahmen dazu gibt es:

1. **Indirekte Rede** ohne „dass":
   Er sagt, dass er die Zeitung lesen will.
   → Er sagt, er *will/wolle* die Zeitung *lesen.*

2. **Bedingungssatz** ohne „wenn":
   Wenn er die Zeitung gelesen hätte, ...
   → *Hätte* er die Zeitung *gelesen*, ...

Weitere Begriffe zu Haupt- und Nebensatz:

- *Apposition:* **Erläuterung, Beisatz**
  Gutenberg, *der Erfinder der Buchdruckerkunst,* ...
  Herr Müller, *unser Lehrer,* ...

- *Attribut:* **Beifügung**
  Er ist ein *hervorragender* Lehrer. (Adjektivattribut)

- *Direkte Rede:* **Rede, die in Anführungszeichen steht.**
  Er sagt: *„Ich will Zeitung lesen!"*

- *Ellipse:* **Auslassungssatz**
  Ehre verloren, alles verloren.
  (Wenn die Ehre verloren ist, ist alles verloren).

- *Indirekte Rede:* Inhalt der Rede steht in Nebensatz **ohne Anführungszeichen** mit oder ohne Konjunktion (dass, wann, ob ...).
  Er sagt, *dass er Zeitung lesen will/wolle.*
  Er sagt, *er wolle Zeitung lesen.*

- *Indirekter Fragesatz:* Inhalt der Frage steht in Nebensatz **ohne Anführungszeichen.**
  Ich fragte ihn, *ob er Zeitung lesen wolle.*

- *Objekt:* **Satzergänzung**
  Ich lese *den Roman.*
  ihn.

- *Prädikat:* **Satzaussage**
  Ich *lese* den Roman. Ich *werde* den Inhalt *erzählen.*

- *Subjekt:* **Satzgegenstand**
  Ich warte. *Mein Freund* kommt nicht.

Grammatische Begriffe

Übersicht 4: Satzzeichen

„"	**Anführungszeichen** unten/oben	?	**Fragezeichen**
…	**Auslassungspunkte**, drei Punkte	–	**Gedankenstrich**
'	**Auslassungszeichen**, *Apostroph*	( )	**Klammern**, runde Klammern
!	**Ausrufezeichen**	[ ]	**Klammern**, eckige Klammern
,	*Komma*	.	**Punkt**
-	**Bindestrich** (3-Zimmer-Wohnung, Kfz-Papiere)	/	**Schrägstrich** (50 km/h)
:	**Doppelpunkt**	;	**Strichpunkt**, *Semikolon*

Übersicht 5: *Komparation,* Steigerung

Positiv, Grundstufe[1]:	*Komparativ,* Höherstufe[2]:	*Superlativ,* Höchststufe:
schön	schöner	schönste / am schönsten
groß	größer	größte / am größten
gut	besser	beste / am besten

[1] nicht gesteigerte Form des Adjektivs [2] Steigerungsstufe

Grammatische Begriffe

Übersicht 6: *Konjugation,* Beugung des Verbs

Infinite (= unbestimmte, unkonjugierte) ***Verbformen***

Infinitiv, Grundform		*Partizip,* Mittelwort	
Präsens, Gegenwart:	lernen	*Präsens,* Gegenwart:	lernend
Perfekt, vollendete Gegenwart:	gelernt haben	*Perfekt,* vollendete Gegenwart:	gelernt
Futur, Zukunft:	lernen werden		

Finite (= bestimmte, konjugierte) ***Verbformen***

***Tempora,* Zeiten**

Aktiv, Tatform

	Indikativ, Wirklichkeitsform	*Konjunktiv I,* Möglichkeitsform I	*Konjunktiv II,* Möglichkeitsform II
Präsens	er lernt	er lerne	
Präteritum[1]:	er lernte		er lernte
Perfekt	er hat gelernt	er habe gelernt	
Plusquamperfekt[2]:	er hatte gelernt		er hätte gelernt
Futur I	er wird lernen	er werde lernen	er würde lernen
Futur II[3]	er wird gelernt haben	er werde gelernt haben	er würde gelernt haben

[1] Vergangenheit (auch: Imperfekt)   [2] vollendete Vorvergangenheit   [3] vollendete Zukunft

Passiv, Leideform

	Indikativ	Konjunktiv I	Konjunktiv II
Präsens:	er wird geprüft[1] es ist geschlossen[2]	er werde geprüft[1] es sei geschlossen[2]	
Präteritum:	er wurde geprüft[1] es war geschlossen[2]		er würde geprüft[1] es wäre geschlossen[2]
Perfekt:	er ist geprüft worden[1] es ist geschlossen gewesen[2]	er sei geprüft worden[1] es sei geschlossen gewesen[2]	
Plusquamperfekt:	er war geprüft worden[1] es war geschlossen gewesen[2]		er wäre geprüft worden[1] es wäre geschlossen gewesen[2]
Futur I:	er wird geprüft werden[1] es wird geschlossen sein[2]	er werde geprüft werden[1] es werde geschlossen sein[2]	er würde geprüft werden[1] es würde geschlossen sein[2]
Futur II:	er wird geprüft worden sein[1] es wird geschlossen gewesen sein[2]	er werde geprüft worden sein[1] es werde geschlossen gewesen sein[2]	er würde geprüft worden sein[1] es würde geschlossen gewesen sein[2]

[1] Vorgangspassiv   [2] Zustandspassiv

Imperative (Befehlsformen)

Lern(e)!
Lernt!
Lernen Sie!

Grammatische Begriffe

Übersicht 7: Wortarten

■ *Nomen/Substantiv:* **Hauptwort**
der Mensch, das Tier, die Sache, der Baum, das Gebirge, die Eltern, die Schönheit, die Freizeit, der Beruf …

■ *Pronomen* **Fürwort**

Personalpronomen: **persönliches Fürwort**
ich, du, er, sie, es, …, mir, dir, mich …

Demonstrativpronomen: **hinweisendes Fürwort**
dieser, diese, dieses …

Possessivpronomen: **besitzanzeigendes Fürwort**
mein, dein, sein, unser…

Relativpronomen: **bezügliches Fürwort**
…, der, …, die …, das…

Reflexivpronomen: **rückbezügliches Fürwort**
mich, dich, sich, uns …

Indefinites Pronomen: **unbestimmtes Fürwort**
man, niemand, jemand, etwas …

■ *Artikel* **Geschlechtswort**

Bestimmter Artikel: der, die, das …
Unbestimmter Artikel: ein, eine …

■ *Adjektiv:* **Eigenschaftswort**
gut, schön, schlecht, klein, groß, bunt, fremd, reich, arm …

■ *Numerale* **Zahlwort**

Kardinalzahl: **Grundzahl**
eins, zwei, hundert, tausend …

Ordinalzahl: **Ordnungszahl**
erste, zweite, dritte …

Unbestimmtes Zahlwort: viel, wenig …

■ *Verb* **Tätigkeitswort**
lesen, schreiben, essen, sitzen, arbeiten …

Hilfsverb: haben, sein, werden, können, müssen, sollen, dürfen …

■ *Adverb:* **Umstandswort**
ebenfalls, diesmal, anfangs, morgens, dort, kürzlich …

■ *Präposition:* **Verhältniswort**
zu, bei, außer, an, auf, in, nach, wegen, seit, …

■ *Konjunktion:* **Bindewort**
und, oder, dass, weil, damit, obwohl, wenn, als …

■ *Interjektion:* **Ausrufewort**
o, ach, pfui, haha, aha …

MENTOR LERN-HILFE

Band 535

Deutsch

Vorsicht Fehler!

200 typische Deutschfehler
erkennen und vermeiden

Lösungsteil

Diethard Lübke

mentor Verlag München

Lösungen zu den einzelnen Tests

Test 1
Abkürzungen

1. Abs. 2. Dr. 3. geb. 4. Nr. 5. Str. 6. vgl. 7. z.B. 8. cm 9. € 10. kg 11. UKW 12. SB 13. AG 14. UNO 15. Kfz 16. EU

Test 2
Absätze

Meine Freundin hat einen ausgeprägten Sinn für Humor.

Sie ist nicht leicht von einer anderen Meinung zu überzeugen. Manchmal ist sie sehr skeptisch und fordert eindeutige Beweise.

Mit kleinen Kindern kann sie sehr gut umgehen. Wenn ein Kind weint, weiß sie, wie sie es aufheitern kann. Daher fassen die Kinder schnell Vertrauen zu meiner Freundin.

Test 3
Acht geben ...

1. Nimm dich in Acht! 2. Du sollst Acht geben! 3. nichts Wichtiges außer Acht lassen 4. Das Außer-Acht-Lassen der Vorsichtsmaßnahmen kann gefährlich werden.

Adjektive

Test 4
... auf -isch und -er

1. der Kölner Dom 2. das Heidelberger Schloss 3. das Brandenburger Tor 4. die bayerischen Fremdenverkehrsgebiete 5. die Schweizer Uhrenindustrie 6. der französische Käse

Test 5
... als Nomen

1. die Strenge des Lehrers 2. voller Stolz 3. die Schuldigen bestrafen 4. Er ist sehr streng. 5. Das muss streng bestraft werden. 6. Wir sind stolz auf den Erfolg. 7. Sein Sohn ist sein ganzer Stolz. 8. Im Allgemeinen viel Erfolg haben. 9. Das wird im Folgenden erklärt. 10. Im Großen und Ganzen ist das richtig. 11. Ohne weiteres willigte sie ein.

Test 6
... (Eigennamen)

1. der Indische Ozean 2. die Fränkische Schweiz 3. das städtische Hallenbad 4. das Städtische Krankenhaus Koblenz 5. mit vereinten Kräften 6. die Vereinten Nationen

Test 7
... nach „etwas, alles, viel ..."

1. Ich möchte etwas Ähnliches versuchen. 2. etwas Besonderes schenken 3. nichts Wesentliches vergessen 4. etwas Lustiges erzählen 5. alles Gute zum Geburtstag wünschen 6. Etwas Schlimmes ist passiert.

Test 8
.../Adverbien, abgeleitet von Nomen

1. die Schule 2. die schulischen Leistungen 3. Viele Schulabgänger suchen eine Lehrstelle. 4. Das ist eine Sensation. 5. der sensationelle Erfolg 6. die gute Schrift 7. die schriftliche Prüfung 8. eine Sekunde später 9. das sekundenlange Zögern 10. der Sekundenzeiger der Uhr 11. auf hoher See 12. das seetüchtige Boot 13. in Seenot geraten 14. das Schiff seeklar machen 15. Um ihn tut es mir wirklich Leid.

Lösungen zu den Tests 9–17

Test 9
... (Personennamen)

1. Die Philosophie von Plato 2. Die platonischen Schriften 3. Die platonische Liebe 4. Die darwinsche Evolutionstheorie

Test 10
-ä- / -äu-
... ?

1. das Gebäude 2. die Säugetiere 3. mächtig 4. sich quälen 5. das Rätsel raten 6. ein Gemälde malen 7. die Bäuerin und der Bauer 8. neue Arbeitsverträge abschließen 9. Das Essen schmeckt gut. 10. Der Geschmack ist gut. 11. das Essen überschwänglich loben 12. „... keine Minute länger!" 13. Da hat doch ein Quäntchen Glück gefehlt!

Test 11
-ai-

Kreuzworträtsel:
1. KAISER 2. TAIFUN 3. SAITE 4. SAISON

Test 12
allzu

1. Wir sind heute allzu früh aufgestanden. 2. Er arbeitete allzu viel. 3. Die Schwierigkeiten waren allzu groß. 4. Es gab allzu viele Schwierigkeiten. 5. Die Arbeiten dauerten allzu lange. 6. Du hast dich allzu sehr aufgeregt. 7. Die Wohnung ist allzu teuer.

Test 13
Alp- / Alb(-)

1. in den Alpen Ferien machen 2. die schneebedeckten Gipfel der Alpen 3. auf der Schwäbischen Alb wandern 4. einen Albtraum (oder: Alptraum) haben 5. Alpenveilchen

Test 14
Anfang, Ende

1. Es gab anfangs einige Schwierigkeiten. 2. Wir fahren Anfang Juli an die Nordsee. 3. der große Anfangsbuchstabe 4. von Anfang an 5. zu Anfang 6. Jetzt wollen wir endlich anfangen. 7. Ich musste beim Arzt endlos warten. 8. Die Frau ist Ende dreißig. 9. Jetzt sind wir endlich fertig. 10. das gute Endergebnis

Anführungszeichen

Test 15
... (direkte Rede)

„Heute gehen wir zu Peter", erzählte sie. „Kommst du auch mit?", fragte sie. „Es soll dort ganz toll werden!"
„Was gibt es heute im Fernsehen?", fragte er. „Ich glaube, es gibt eine Show", antwortete sie.

Test 16
... (halbe)

Michael sagte: „Ich schlage vor, wir gehen ins Kino und sehen uns den Film ‚Doktor Schiwago' an." –
Tanja erzählte von ihrer Reise nach Österreich: „Der Hotelportier sagte immer: ‚Guten Tag, gnädiges Fräulein!' zu mir."

Test 17
... zur Hervorhebung

Dieser so genannte „Freund" hat mich sehr enttäuscht.
Ich habe keine Lust, den „Helden" zu spielen.

Lösungen zu den Tests 18–27

Test 18 *Angst / angst*	1. Ich habe keine Angst. 2. Ich will dir nicht Angst machen. 3. Mir ist angst und bange. 4. Bei diesem Gedanken wird mir angst. 5. Hab doch keine Angst!
Test 19 *Anmerkungen*	In der Zeitung[1] ist zu lesen, dass das Geiseldrama in der japanischen Botschaft in Lima[2] in Peru[3] immer noch andauert. [1] „Süddeutsche Zeitung" vom 14.1.97 [2] Hauptstadt von Peru [3] Land in Südamerika

Apostroph

Test 20 *… (ausgelassenes Schluss-e)*	1. Ich könnt dir helfen. 2. Das wär schön.
Test 21 *… (Personennamen im Genitiv)*	1. Goethes/Goethe's Werke 2. Günter Grass' Romane 3. Peters/Peter's neues Motorrad 4. Ich kenne Andreas' Vater 5. Das ist Heinz' Schwester. 6. Das ist Andreas/Andrea's Blumenladen.
Test 22 *… (Präposition und Artikel)*	1. ans 2. ins 3. am 4. beim 5. im 6. zum 7. ans Fenster gehen 8. am Fenster stehen 9. durchs Fenster sehen 10. die Vorhänge vors Fenster ziehen
Test 23 *… (weggelassene Buchstaben)*	1. Er hat's gesagt. 2. Mir ist's egal. 3. Das ist 'ne gute Gelegenheit. 4. Sag's noch mal. 5. Das ist was anderes.
Test 24 *Apparat …*	1. Dieter fotografiert seine Klassenkameraden mit seinem Fotoapparat. 2. Sein Vater besitzt eine neue Videokamera. 3. … den Fernsehapparat? …
Test 25 *Apposition*	1. Ich spreche von Adenauer, dem ersten deutschen Bundeskanzler. 2. Ich warte auf Christian, den Bruder meiner Frau. 3. Wir waren auf Sylt, der Insel in der Nordsee.
Test 26 *auf/offen;* *zu/geschlossen*	1. Mach das Fenster auf! 2. das offene Fenster 3. Das Fenster ist offen. 4. Mach das Fenster zu! 5. das geschlossene Fenster 6. am geschlossenen Fenster stehen 7. Dieser Schalter ist geschlossen.
Test 27 *aus-/auß-*	1. der Außendienst 2. die Außentemperatur 3. der Aussichtsturm 4. die Aussprache 5. die Äußerung 6. äußerlich 7. außerordentlich 8. das Ausweichmanöver 9. eine Ausnahme. 10. außerhalb 11. Ich tue das äußerst ungern.

Lösungen zu den Tests 28–38

Test 28
Autofahren ...
1. Fährst du oft Rad? 2. Ich werde viel Rad fahren. 3. Im Sommer Rad zu fahren macht mir viel Spaß. 4. In diesem Alter Autofahren zu lernen, ist nicht leicht.

Test 29
-b- / -p-
1. der Betrieb 2. der Maßstab 3. das Prinzip 4. das Teesieb 5. Staub wischen 6. Sie schrieb uns einen langen Brief. 7. Sie tippt ihren Brief auf der Schreibmaschine. 8. Das war ein guter Tipp.

Test 30
Bankrott / bankrott
Ich bin bankrott.

Test 31
Bescheid
1. Ich werde euch rechtzeitig Bescheid sagen. 2. Ihr hättet durchaus Bescheid wissen müssen. 3. Ich wusste leider nicht Bescheid.

Bindestrich

Test 32
... (Aufzählungen)
1. Garten- und Campingmöbel 2. Diese Methode hat Vor- und Nachteile.

Test 33
... bei Ziffern und Wort
1. eine 2-kg-Packung 2. ein 1000-Meter-Lauf 3. ein 14-jähriger Junge.

Test 34
... (zusammengesetzte Nomen ...)
1. Im September-Oktober-Heft stand etwas über Fress-Sucht. 2. Das Meer war richtig blau-grün.

Test 35
... (Zusammensetzungen)
1. der i-Punkt. 2. der UKW-Sender. 3. ... das ist der km-Stand. 4. ... mit einem Dehnungs -h ... .

Test 36
bis, Biss, bisschen
1. in die Imbissstube gehen 2. bis zum Abend warten 3. Das ist ein bisschen zu viel. 4. Der Hund biss zu. 5. Ich bin ein bisschen überrascht. 6. Bis dann!

Test 37
blühen / Blüte
1. Die Blumen blühen. 2. die Blütezeit der Obstbäume 3. die verblühten Blumen wegwerfen 4. Die Rosen sind aufgeblüht.

Brief

Test 38
... Adresse
Frau
Sylvia Schmidt
14199 Berlin
Friedrichstraße 15

Lösungen zu den Tests 39–47

Test 39
... Anrede, Grüße

1. Mit freundlichen Grüßen 2. Mit freundlichen Grüßen 3. Mit den besten Grüßen 4. Mit herzlichen Grüßen 5. Mit herzlichen Grüßen 6. Mit herzlichen Grüßen 7. Viele herzliche Grüße

Test 40
-c-

Kreuzworträtsel:
2. CHANCE 4. CLOWN 5. COURAGE 6. CAMPING 7. CELLO
8. CEMBALO 9. FARCE
1. BALANCE 3. COMPUTER

Test 41
-ch-

Kreuzworträtsel:
1. CHOR 2. CHAOS 3. CHROM 4. CHANCE 5. CHOKE
6. CHARTERFLUG 7. CHEF.

Lösungswort: CHARAKTER

Test 42
-d- / -dt-

1. die Regel anwenden 2. die Redegewandtheit 3. Alle haben die Regel richtig angewandt. 4. Es wurde kein Einwand erhoben. 5. Der Katalog des Versandhauses wurde uns kostenlos zugesandt. 6. Peter und Christian sind verwandt. 7. die ganze Verwandtschaft zum Geburtstag einladen

Test 43
-d/ -t

1. der Schiedsrichter 2. die Unschuld 3. der Gastwirt 4. die Sorgfalt
5. das Feld 6. Abschied nehmen 7. die Geduld verlieren 8. sich um den Haushalt kümmern 9. Autofahrer sollen einen ausreichenden Sicherheitsabstand einhalten.

Test 44
das / dass

1. das Essen und das Trinken 2. Das ist ein Buch, das wir alle gern gelesen haben. 3. Ich habe das bereits erledigt. 4. Wir erfuhren, dass ein Unglück passiert sei. 5. Das neue Auto wurde beschädigt. 6. Dass der Vater besorgt war, kann ich verstehen. 7. Ich hoffe, dass ihr mir helft. 8. Das alles deutet darauf hin, dass er viel zu tun hat, aber das täuscht. 9. „… dass du große Ähnlichkeit mit mir hast? – Das macht nichts …"

Test 45
das / was

1. Das Erlebnis, das er erzählte, war lustig. 2. Manches, was er erzählte, kannte ich schon. 3. Er erzählte lange, was einige Zuhörer schließlich langweilte. 4. Wir wussten nicht, was wir machen sollten. 5. Wir schalteten das Radio ein, das aber auch kein interessantes Programm hatte. 6. Wir gingen früh schlafen, was aber den meisten nicht gefiel.

Test 46
Datum

Hamburg, den 1. April 2002
München, den 5. 5. 02
Kolumbus entdeckte am 12. 10. 1492 Amerika.
Sie lernten sich kennen in Berlin am 14. März 1992.

Test 47
derselbe/ der gleiche

1. Wir haben bei demselben Lehrer Unterricht wie ihr. 2. Wir benutzen die gleichen Schulbücher. 3. Wir schreiben aber nicht die gleichen Klassenarbeiten. 4. Ich gehe auf dieselbe Schule wie mein Freund.

Lösungen zu den Tests 48–57

deutsch (Deutsch)

Test 48
... (Adjektiv)

1. die deutschen Autobahnen 2. die deutsche Meisterschaft 3. die deutsche Sprache 4. der Deutsche Gewerkschaftsbund 5. die deutschen Städte 6. das Deutsche Rote Kreuz 7. der Deutsche Fußballbund 8. die deutsche Rechtschreibung 9. die Deutsche Presseagentur

Test 49
... (Nomen, Adverb)

1. Zwei Ausländer unterhalten sich auf Deutsch. 2. Sie sprechen ein gutes Deutsch. 3. Beide haben Deutsch im Ausland gelernt. 4. Was heißt „Haus" auf Französisch? 5. Kannst du diesen Brief ins Englische übersetzen? 6. Der Brief ist deutsch geschrieben. 7. Dieses Fremdwort kommt aus dem Lateinischen.

Test 50
dieses / dies

1. Dies ist ihm gut gelungen. 2. Ich will dies nicht bestreiten. 3. Dies ist meine Meinung. 4. Dieses teure Buch habe ich geschenkt bekommen. 5. Ich kann dies alles nicht vergessen.

Test 51
drei gleiche Buchstaben

1. Brennnessel
2. Schritttempo
3. Schnellläufer

Test 52
du, dich, dein, euch ...

... über deinen Brief.
... dass es dir und deinem Freund ...
Erholt euch gut.

Test 53
ebenso

1. Wir hätten ebenso gut an die See fahren können. 2. Ich wäre ebenso gern nach München gefahren. 3. Es waren ebenso viele Besucher gekommen wie im letzten Jahr. 4. Ich bin ebenso sehr erfreut wie Sie. 5. Gaby ist ebenso alt wie ihre Freundin.

Test 54
eigen / Eigen

1. Jeder benutzt sein eigenes Wörterbuch. 2. Dieses Haus gehört meinem Vater, es ist sein Eigen.

Test 55
-end

1. die Abwesenheit des Nationalspielers 2. Der Nationalspieler war leider abwesend. 3. die Überlegenheit der Mannschaft 4. Der Angriff war entscheidend. 5. die Entschiedenheit des Angriffs 6. Die Siegerehrung wurde in Anwesenheit des Präsidenten vorgenommen.

Test 56
end- / ent-

1. einen endgültigen Entschluss fassen 2. die Endziffer auf dem Los 3. das Endspiel der Mannschaft 4. der Endspurt 5. die Entlassung des Angestellten 6. endlich eine Entschädigung bekommen.

Test 57
englische Fremdwörter

1. Handicap
2. Happyend (Happy End)
3. Fulltimejob (Full-Time-Job)

Lösungen zu den Tests 58–67

Test 58
Ernst / ernst

1. Das ist mein Ernst. 2. Ich mache jetzt Ernst. 3. Der Vorschlag ist ernst gemeint. 4. Ich nehme die Warnung durchaus ernst. 5. Jetzt wird es endlich ernst. 6. Das willst du doch nicht allen Ernstes tun? 7. Das ist eine ernst zu nehmende Drohung!

Test 59
-eu-

1. der Zeitungsredakteur 2. der Diplomingenieur 3. der Regisseur des Films 4. So ein Malheur!

Test 60
f- / pf-

1. auf dem Pferd reiten 2. Er fährt mit dem Auto. 3. Der Pfarrer predigt in der Kirche. 4. der Fahrer des Autos 5. ein Pfund Butter kaufen 6. stets seine Pflicht tun

Test 61
fast / fasst

1. Es hätte fast einen Unfall gegeben. 2. Die Rettung grenzt fast an ein Wunder. 3. Er fasst einen schweren Entschluss. 4. Der Redner befasst sich mit einem aktuellen Thema. 5. Er hat die Situation richtig erfasst.

Test 62
fer- / ver-

1. eine große Mitverantwortung tragen 2. die sorgfältige Anfertigung der Hausarbeiten 3. Ich bin durchaus zuversichtlich. 4. Wir haben vergebens gewartet. 5. Das wäre sehr unvernünftig gewesen. 6. Ich muss seine Schlagfertigkeit bewundern.

Test 63
viel / fiel

1. Das Auto gefiel mir gut. 2. Die gute Formgebung fiel mir auf. 3. Es war aber viel zu teuer. 4. Außerdem verbraucht es zu viel Benzin.

Test 64
Fragezeichen

1. „Wann sehen wir uns wieder?" 2. „Ich hätte gern gewusst, wann wir uns wiedersehen." 3. Ich wurde gefragt, wo ich in den Ferien war. 4. Sie fragte mich: „Wo warst du in den Ferien?" 5. „Warst du auch in Spanien?" 6. Auf die Frage „Wem"? steht der Dativ.

Fremdwörter

Test 65
… -g- / -gn- …

Kreuzworträtsel:
3. PASSAGIER 5. ORANGE 6. INGENIEUR 7. GIRO

1. GAGE 2. GELEE 4. GENIE

Test 66
… im Plural

Kreuzworträtsel:
1. THEMEN 2. LEXIKA 3. DRAMEN 4. TEMPORA 5. RISIKEN 6. KONTEN 7. DATEN –

Lösungswort: EXAMINA

Test 67
… (mehrgliedrige)

1. Boris Becker galt als <u>der</u> deutsche Tennisspieler par excellence. 2. In flagranti hat die Bremer Polizei … Sie trugen …, das Corpus Delicti, … noch am Leib.

Lösungen zu den Tests 68–77

Test 68
-g / -k

1. der Gesang 2. der Gestank 3. das Geschenk 4. herzlichen Dank
5. einen guten Vorschlag machen 6. Das ist ein vorzügliches Ergebnis.
7. Die Firma hat einen wichtigen Auftrag bekommen. 8. Der Vertreter flog nach Amerika. 9. Die neue Jacke ist mir zu eng.

Test 69
ganze / alle

1. Alle Geschäfte sind heute geschlossen. 2. die ganze Fußgängerzone
3. Das ganze Zimmer muss aufgeräumt werden. 4. Alle Spielsachen liegen herum. 5. Wo sollen wir mit allen Spielsachen hin?

Test 70
gar nicht / gar kein

1. Es gab gar keine Schwierigkeiten. 2. Es war gar nichts passiert.
3. Sie hatte es gar nicht bemerkt. 4. Die Prüfung war gar nicht schwierig.
5. Es wurden gar keine schwierigen Fragen gestellt. 6. Sie war gar nicht aufgeregt gewesen.

Test 71
geben

1. Gib mir das Buch! 2. Sie gibt mir endlich das Buch zurück. 3. Die Mutter ist zu nachgiebig. 4. Das gibt es doch nicht! 5. ausgiebig feiern
6. freigebig sein

Test 72
Geld / gelt-

1. unentgeltlich arbeiten 2. das Taschengeld 3. viel Geld verdienen
4. gut zur Geltung kommen 5. diese Ausrede nicht gelten lassen
6. die Geldbuße 7. als reich gelten

Test 73
Geldbeträge

1. € 100,00 / 100,– € 2. € 1,20 / 1,20 € 3. € 9,80 / 9,80 €
4. € 12,50 / 12,50 €

Getrenntschreibung

Test 74
… Adjektive und Verben

1. frohlocken („froher locken" hat eine andere = unsinnige Bedeutung!)
2. schönschreiben („schönschreiben" = „in Schönschrift schreiben"!)
3. genau genommen 4. nahe bringen

Test 75
… Adverbien und Verben I

1. durcheinander werfen
2. übrig bleiben
3 auswendig lernen

Test 76
… Adverbien u. Verben II

1. dahinter kommen
2. die Entscheidung anheim stellen
3. das Buch drauflegen

Test 77
… Infinitiv, Partizip, Nomen …

1. kennen lernen
2. spazieren gehen
3. geschenkt bekommen
4. Bescheid geben

Lösungen zu den Tests 78–89

Test 78
... sein
1. beisammen sein 2. vorbei sein 3. zurück sein

Test 79
hängen / henken ...
1. das Bild aufhängen 2. den Topf am Henkel anfassen 3. unabhängig sein 4. Lkw mit Anhänger 5. die Henkersmahlzeit 6. Das hängt ganz von dir ab. 7. in der Hängematte liegen

Test 80
hast / hasst
1. Hast du ihn gesehen? 2. Du magst ihn nicht; du hasst ihn. 3. Sie arbeiteten ohne Hast. 4. Erzähle, was du erlebt hast.

Test 81
Haus ...
1. Wir gehen jetzt nach Hause. 2. Jetzt sind wir zu Hause. 3. ein schönes Zuhause haben 4. der lange Nachhauseweg

Test 82
Herr
1. Ich möchte mit Herrn Müller sprechen. 2. Die beiden Herren sind im Büro. 3. „Meine Damen und Herren!" 4. Grüßen Sie bitte Herrn Schmidt von mir.

Test 83
holen / hohl
1. einen hohlen Zahn haben 2. sich in den Ferien erholen 3. die Teller aus der Küche holen 4. den Freund vom Bahnhof abholen 5. der Hohlraum 6. der Hohlspiegel

Test 84
hundert / tausend
1. zweihundert Euro 2. dreitausend Euro 3. zweitausenddreihundert Euro 4. Das habe ich dir schon hundertfünfzigmal/hundertfünfzig Mal gesagt. 5. Da waren hunderte/Hunderte von Menschen!

Test 85
-ig / -lich
1. fröhlich 2. lächerlich 3. willig 4. persönlich 5. natürlich 6. ziemlich 7. langweilig 8. selig 9. billig 10. folglich 11. nachteilig 12. unglaublich 13. ursprünglich 14. nachträglich 15. allmählich

Test 86
immer ...
1. Der Autofahrer beteuerte nach dem Unfall immerzu seine Unschuld. 2. Er sagte immer wieder, dass er keine Schuld habe. 3. Es gab immerhin keine Augenzeugen, die den Unfall gesehen hatten.

Test 87
indirekte Rede
Sie erzählte, dass sie gestern Peter getroffen hat/habe.
Sie erzählte, sie habe gestern Peter getroffen.

Test 88
Infinitive
1. Er hätte sich anders verhalten müssen. 2. Sein Verhalten ist nicht zu billigen. 3. Wir möchten in Frieden leben. 4. Nie im Leben! 5. sein Leben genießen 6. kein Vertrauen haben 7. den Freunden vertrauen

Test 89
interessant
Der Vorschlag ist sehr interessant.

Lösungen zu den Tests 90–98

Test 90
irgend ...
1. Hat heute irgendjemand nach mir gefragt? 2. Hat heute irgendwer angerufen? 3. Gibt es irgendwelche Schwierigkeiten? 4. Soll noch irgendwas geändert werden? 5. Noch irgendwelche Fragen?

Test 91
ist / isst
1. Der Fisch ist frisch. 2. Sie isst den Fisch. 3. Isst du auch gern Fisch? 4. Der Fisch ist in der Pfanne.

Test 92
-jährig / -jährlich
1. von einer zweimonatigen Forschungsreise zurückkommen. 2. das jährliche Betriebsfest 3. die halbjährliche Zinszahlung 4. die vierjährige Amtszeit des Präsidenten 5. die dreitägige Hochzeitsfeier

Test 93
klar ...
1. dem Schüler die Regel klarmachen 2. ein Missverständnis klarstellen 3. sich über die Schwierigkeiten klar werden 4. über alle Schwierigkeiten im Klaren sein 5. Er ist ein klar denkender Kopf.

Kleinschreibung

Test 94
... Ausrufe- u. Fragezeichen
1. „Wie geht es dir?", fragte er. 2. „Komm bald wieder!", rief sie. 3. „Gern, wenn du Zeit hast!", meinte er.

Test 95
... (verblasste Nomen)
1. Im Grunde genommen ist das nicht schlimm. 2. Das geschieht heute mithilfe des Computers. 3. a) Tu es mir zuliebe. b) Ich tue es nur aus Liebe zu dir. 4. a) Ein anderer wäre dazu außer Stande. b) Du aber bist dazu im Stande. 5. Wir müssen uns beizeiten vorbereiten. 6. Das kommt nicht infrage!

Komma

Test 96
... Aufzählungen
① Lkws, Busse und Personenwagen stauten sich auf der Autobahn. Wir fuhren nach München, über Würzburg, Nürnberg und Ingolstadt. Zur Feier lud mein Vater Verwandte, Bekannte, Nachbarn und Kollegen ein.
② 1. eine Flasche edler badischer Wein 2. eine Flasche weißer, wohlschmeckender Wein 3. eine Packung echtes Lübecker Marzipan

Test 97
... Auslassungssatz
1. Je eher, desto besser. 2. Vielleicht, dass es so geht. 3. Wie du mir, so ich dir. 4. Wenn schon, denn schon.

Test 98
... (eingeschobene Sätze)
① 1. Gaby achtet sehr auf ihre Kleidung, die, wie sie glaubt, allen gefällt. 2. Sie kaufte sich ein neues Kleid, das ihr gut gefiel, und trug es auf der Party.
② 1. Eines Abends, ich wollte gerade ins Bett gehen, ging plötzlich die Tür auf. 2. Vor mir stand, er war noch ganz durchnässt, mein Bruder. 3. Das Unwetter hatte, als er gerade auf dem Heimweg war, plötzlich eingesetzt.

Lösungen zu den Tests 99–106

Test 99
... Infinitiv und Partizip

① 1. Wir halfen mit(,) die Verletzten zu retten. 2. Es war nicht schwierig(,) den Fehler zu finden. 3. Ich hatte keine Lust zu warten. 4. Ich hatte keine Lust mehr(,) noch länger zu warten. 5. Sie versprachen uns zu kommen. 6. Sie versprachen uns(,) rechtzeitig zu kommen.
② 1. Ich hole mir das Buch(,) um zu lesen. 2. Ohne zu zögern(,) gab sie die richtige Antwort. 3. Wir gingen zu Fuß(,) anstatt zu fahren.
③ 1. Immer zwei Stufen auf einmal nehmend(,) rannte er nach oben. 2. Über das ganze Gesicht strahlend(,) umarmte sie mich.

Test 100
... Konjunktionen

1. Weder der eine noch der andere waren pünktlich. 2. Entweder du kommst gleich oder du bleibst zu Hause. 3. Nicht nur Petra, sondern auch Gaby fehlten. 4. Einerseits hatten wir viel Spaß, andererseits auch viel Mühe. 5. Die Gäste waren teils auf der Terrasse, teils im Salon. 6. Sowohl die Verwandten als auch die Freunde waren gekommen. 7. Es war Glatteis an diesem Tag und wir rutschten mehr mit dem Auto als dass wir fuhren. 8. Petra hatte nicht nur eine leichte Erkältung, sondern eine schwere Grippe. 9. Sie war nicht nur gestern, sondern die ganze Woche nicht in der Schule. 10. Es war ein kalter, aber sonniger Tag.

Test 101
... (nachgestellte Erläuterungen)

1. Ich kann dich besuchen, und zwar schon morgen.
2. Soll ich jemanden mitbringen, zum Beispiel Brigitte?
3. Du sollst keinen Krach machen, insbesondere nicht nach 22 Uhr.

Test 102
... bei „und"/ „oder"

1. Sie haben mich oft besucht(,) und wir saßen ... 2. „Seid ihr mit meinem Vorschlag einverstanden(,) oder habt ihr ...?" 3. Weil sie die Schwäche ihres Sohnes kannte und damit er nicht wieder entgleisen sollte(,) schickte sie ihn schon früh nach Hause. 4. Es waren harte Zeiten und um zu überleben(,) nahm man es mit vielen Dingen nicht so genau.

Test 103
... Vergleichssatz

1. Das Wetter war heute besser als gestern. 2. Das Wetter war heute besser, als es gestern war. 3. Die Sonne schien wärmer als in den letzten Tagen. 4. Das Wetter war besser, als in den Nachrichten vorausgesagt worden war. 5. Das Wetter war auch heute so schlecht wie gestern!

Test 104
Langeweile

1. Auf der Party herrschte Langeweile. 2. Alle litten unter der Langenweile. 3. Ich kenne eigentlich keine Langeweile.

Test 105
laut, Laut

1. Es war alles still; kein Laut war zu hören. 2. Das Radio ist zu laut eingestellt. 3. Die Lautsprecher dröhnen. 4. Die Lieferung erfolgt laut Vertrag. 5. Peter schrie am lautesten.

Test 106
leeren, lehren

1. Die Flasche ist leer. 2. das Glas leeren 3. Die leer stehende Wohnung ist zu vermieten. 4. Der Professor lehrt an der Universität. 5. Der Lehrling beendet seine Lehrzeit mit einer Prüfung. 6. ... drei leere Seiten ab ...

Lösungen zu den Tests 107–117

Test 107
Leid / leid
1. Es tut mir sehr Leid. 2. Ich war es leid. 3. Den Flüchtlingen ist viel Leid geschehen. 4. Ihnen wurde viel zu Leide getan (oder: zuleide ...)

Test 108
-mal / Mal
1. 1-mal 2. einmal 3. mit einem Male 4. manches Mal 5. mehrere Male 6. viele Male 7. voriges Mal 8. Wir danken Ihnen vielmals für Ihren Brief. 9. Ich schicke Ihnen diesmal einen ausführlichen Brief. 10. Die Veranstaltung fand zum ersten Mal statt. 11. Sie soll noch ein paarmal wiederholt werden. 12. bis zum nächsten Mal 13. ... schon wieder einmal ... Aber diesmal ... 14. ... 100-mal ...

Test 109
malen / mahlen
1. den Kaffee mahlen 2. das Gemälde malen 3. das Korn in der Mühle mahlen lassen 4. Der Maler malt ein neues Bild. 5. Der Kalk ist fein gemahlen.

Test 110
Mann / man
1. Den großen Mann kennt man überall. 2. der Kaufmann 3. das Mannequin 4. Das hört man gern. 5. Jedermann wird damit zufrieden sein. 6. die Fußballmannschaft

Test 111
Maschine, Schiene
1. Nähmaschine
2. Waschmaschine
3. Eisenbahnschiene

Test 112
meist
1. die meisten Menschen 2. in den meisten Fällen 3. Sie ist meistens pünktlich. 4. Das ist meistens so. 5. ... am meisten

Test 113
Miene, Mine
1. gute Miene zum bösen Spiel machen 2. das Mienenspiel des Angeklagten genau beobachten 3. Die Mine wurde entschärft. 4. Ich brauche eine schwarze Mine für meinen Kugelschreiber.

Test 114
nämlich
1. Ich hatte nämlich meine Tasche vergessen. 2. Es war nämlich schon zu spät, um sie abzuholen. 3. Es wurde allmählich dunkel. 4. Wer „nämlich" mit -h- schreibt, ist dämlich!

Test 115
-nis
1. das Ergebnis: des Ergebnisses, die Ergebnisse
2. das Wagnis: des Wagnisses, die Wagnisse
3. das Erlebnis: des Erlebnisses, die Erlebnisse

Test 116
Not / not
1. Wir sind in Not und brauchen schnelle Hilfe. 2. Schnelle Hilfe tut Not. 3. Schnelle Hilfe ist vonnöten. 4. Wenn Not am Mann ist, müssen alle helfen. 5. Die Flüchtlinge leiden Not.

Test 117
Nummer
1. die Zimmernummer 2. sich die Telefonnummer merken 3. die vielen Rechnungen nummerieren 4. die Zeilennummerierung 5. das Nummernschild

Lösungen zu den Tests 118–128

Test 118
Nummerierung

1 Autofahren
1.1 Auto – 1.2 Landstraßen – 1.3 Tankstelle
2 Orientierung
2.1 Landkarte – 2.2 Straßen – 2.3 Richtung
3 Andere Verkehrsmittel
3.1 Eisenbahn – 3.2 Flugzeug – 3.3 Schiff

Test 119
obwohl / trotzdem

1. Obwohl der Mensch gut laufen kann, schafft er sich ein Auto an.
2. Der Mensch kann gut laufen, trotzdem schafft er sich ein Auto an.
3. Obwohl ich nicht viel Geld habe, möchte ich ein neues Auto kaufen.
4. Ich fahre oft mit der U-Bahn, obwohl ich ein Auto habe.

Test 120
original ...

1. Das ist ein Originalgemälde. 2. der Originaltext 3. Das ist original französischer Käse. 4. eine originalgetreue Kopie

Test 121
-ou-

1. Silhouette 2. Tour 3. Jalousie 4. Boutique 5. Tourist 6. Souvenir

Test 122
paar / Paar

1. Es waren nur ein paar Zuschauer gekommen, als das Paar die Kirche verließ. 2. Er wollte ein paar Worte zum Abschied sprechen. 3. Ich brauche ein Paar neue Skier. 4. Das ist ein Paar Ohrringe. 5. ... Paar ...

Test 123
packen / Paket

1. ein Paket packen 2. ein Päckchen zum Geburtstag bekommen 3. das Packpapier 4. Ein Paket für mein Patenkind!

Test 124
Partizipien als Nomen

1. die Abgeordneten des Parlaments 2. ein bekannter Schauspieler; seine Bekannten zu Weihnachten grüßen 3. den Gefangenen befreien; der gefangene Indianer 4. dem Verstorbenen die letzte Ehre erweisen

Test 125
-ph- / -f-

1. ALPHABET 2. PHANTAST 3. PHANTASIE 4. PHYSIK 5. FOTO 6. PARAGRAPH 7. TELEFON 8. PHOSPHOR 9. PROPHET –

Lösungswort: KATASTROPHE

Test 126
Platz / platzieren

1. Der Sportler konnte beim Wettkampf einen der ersten Plätze erringen.
2. Im folgenden Jahr konnte er sich nicht platzieren. 3. Ich konnte keinen Sitzplatz mehr finden 4. Das ist ein wirklich Platz sparendes Regal.

Test 127
-pp-

1. die Stoppuhr 2. das Stoppschild 3. Das Auto stoppt an der Kreuzung. 4. der Tippzettel 5. einen guten Tipp bekommen 6. auf der Schreibmaschine tippen 7. sich leider oft vertippen

Test 128
Prädikat

1. Der Flug nach Amerika und der Aufenthalt dort kosten viel Geld.
2. Sein temperamentvolles Auftreten und seine Selbstsicherheit beeindrucken die Leute.

Lösungen zu den Tests 129–138

Präpositionen

Test 129
... mit Dativ, Akkusativ

1. Auf dem Foto siehst du mich neben dem Lehrer. 2. Mein Freund steht hinter dem Lehrer. 3. Peter hatte sich vor den Lehrer gestellt. 4. Wir stehen alle vor dem Schulgebäude. 5. Das Warndreieck steht 50 Meter hinter dem Auto vor der Unfallstelle.

Test 130
Präposition / Konjunktion

1. nach dem Mittagessen 2. nachdem alles fertig war ... 3. das Vorbild, nach dem wir uns richten ... 4. nachdem das Flugzeug gestartet war ... 5. nach dem Start 6. in dem Flugzeug sitzen 7. seitdem wir uns kennen ... 8. seit dem ersten Male ...

Test 131
Präsens / Präsenz/

1. das Präsens und das Futur 2. das Partizip Präsens 3. die Präsenzbibliothek 4. die Präsenzpflicht der Abgeordneten

Test 132
Rad / Rat

1. einen guten Rat geben 2. das Rätsel raten 3. das Reserverad 4. der Regierungsrat 5. Das ist mein Fahrrad.

Test 133
Recht / recht

1. Ich verlange mein Recht. 2. Du hast sicher Recht. 3. Das geschah zu Recht. 4. Man muss dir Recht geben. 5. Du hast mit Recht protestiert. 6. Es ist schwer, es allen recht zu machen. 7. Mir ist alles recht.

Test 134
Relativpronomen

1. Ich bringe dir das Buch zurück, das du mir geliehen hast.
2. Ich werde mir den Roman kaufen, den du mir empfohlen hast.

Test 135
-rh-

1. der flotte Rhythmus der Musik 2. Sie kann die Finger nicht bewegen, weil sie Rheuma hat. 3. reumütig seine Schuld bekennen 4. Im Garten wächst Rhododendron. 5. Er hat einen Katarrh (oder: Katarr).

Test 136
-s / -z

1. der Stolz 2. das Paradies 3. der Beweis 4. das Kreuz 5. das Haus 6. der Kreis 7. die Notiz 8. das Glas 9. die Konsequenz 10. die Differenz 11. der hohe Preis

Test 137
sammeln, sämtlich

1. die Briefmarkensammlung 2. alle gesammelten Briefmarken verkaufen 3. Goethes (oder: Goethe's) sämtliche Werke 4. die gesamte Bevölkerung 5. Wir sollten noch Erfahrungen sammeln. 6. Das Ergebnis war insgesamt befriedigend.

Test 138
scheinbar / anscheinend

1. Frau Müller ist leider nicht gekommen, sie hat anscheinend den Termin vergessen. 2. Es gab scheinbar keinen Ausweg mehr, trotzdem gelang vielen die Flucht. 3. Es war anscheinend keine Rettung mehr möglich; alle sind umgekommen.

Lösungen zu den Tests 139–149

Test 139
Schuld/schuld
1. Der Autofahrer hat Schuld. 2. Es war seine Schuld. 3. Ich bin nicht schuld. 4. Wir müssen die Schuldfrage klären. 5. Er nimmt die Schuld auf sich. 6. Er hat sich einiges zuschulden (zu Schulden) kommen lassen.

Test 140
seid/seit
1. Seit 10 Minuten warte ich hier. 2. Seid ihr alle da? 3. Ihr seid bei uns herzlich willkommen. 4. Seit dem Unfall … 5. Seid sehr vorsichtig! 6. Seitdem ich hier bin …

Test 141
Seite …
1. Auf der linken Seite der Straße stehen keine Häuser. 2. auf die andere Seite der Straße gehen 3. Es gab Einwände seitens der Verkaufsabteilung. 4. Die Einwände kamen von Seiten (oder: vonseiten) der Vertreter. 5. Meinerseits bestehen keine Bedenken mehr.

Test 142
-sh-
1. eine Show im Fernsehen sehen 2. der Computershop 3. Ich kaufe mir neue Shorts und neue Schuhe.

Test 143
Sie, Ihr, Ihnen …
Bei Müllers klingelt das Telefon. Herr Müller nimmt ab. „Ist Ihre Tochter zu Hause?", fragt die Stimme eines jungen Mannes. „Tut mir Leid, ich soll Ihnen sagen, dass sie nicht da ist." „Aha, dann richten Sie ihr bitte aus, dass ich nicht angerufen habe!"

Silbentrennung

Test 144
… Grundregeln
1. Kü-chen-tisch 2. Ei-sen-bahn 3. Schreib-ma-schi-ne 4. spa-zie-ren ge-hen 5. Zei-tungs-pa-pier 6. Schul-ar-bei-ten 7. her-vor-ra-gend 8. Des-in-ter-esse (Des-in-te-res-se) 9. Zy-klus (Zyk-lus) 10. In-dust-rie (In-dus-trie/In-du-strie) 11. O-der 12. Ge-nug-tu-ung 13. Mei-nung

Test 145
… -ck-
1. Brü-cke 2. pa-cken 3. pflü-cken 4. He-cke 5. ver-ste-cken 6. Ak-ku-sa-tiv

Test 146
… -pf-
1. Kup-fer 2. Wip-fel 3. Emp-fin-dung 4. kämp-fen

Test 147
… -ss- / -ß-
1. äu-ßer-lich 2. Mes-ser 3. bes-ser 4. au-ßer-ge-wöhn-lich 5. grö-ßer

Test 148
… -st- / -sp-
1. Meis-ter-schaft 2. Ge-schwis-ter 3. bes-ten-falls 4. Leis-tung 5. Ris-pe 6. Kas-per

Test 149
…Vorsilben…
1. da-rum/dar-um 2. vo-raus/vor-aus 3. wa-rum/war-um 4. wo-ran/wor-an 5. wo-rin/wor-in

Lösungen zu den Tests 150–159

Test 150
sodass/ so dass ...

1. Es fing an zu regnen, so dass wir nicht lange spazieren gehen konnten. 2. Sie aß seinen Kuchen, ohne dass er es bemerkte.

Test 151
solange/ so lange

1. Solange wir uns kennen ... 2. Ich bleibe so lange, wie du willst. 3. Solange ich auf dieser Schule bin ... 4. Die Patienten warten so lange, bis sie vom Arzt gerufen werden.

Test 152
soviel/so viel

1. Wir haben so viel gearbeitet, dass wir jetzt müde sind. 2. Wir haben so viel geschafft, wie wir konnten. 3. Wir haben so viele Ergebnisse erzielt, obwohl es so viele Schwierigkeiten gab. 4. Soviel ich weiß, kommt er immer erst gegen 9 Uhr.

Test 153
-sp-, -st- (Aussprache)

Ver<u>st</u>ehen, basteln, her<u>st</u>ellen, <u>St</u>ress, ver<u>sp</u>rechen, <u>sp</u>itz, Kiste, zer<u>st</u>ören, listig, selbst<u>st</u>ändig, Obst, Wespe.

Test 154
spazieren

1. Wir wollen spazieren gehen. 2. einen Spaziergang machen 3. mit dem Hund spazieren gehen

-ss- / -ß-

Test 155
... am Wortende

1. Die Briefmarke zeigt das Heidelberger Schloss. 2. Der Fluss, über den die Brücke führt, ist der Neckar. 3. ... Englischkenntnissen ...

Test 156
... bei Verbformen

1. Die Jacke passt gut. 2. Die Farben passen gut zusammen. 3. Ich muss mich jetzt verabschieden. 4. Wir müssen uns jetzt trennen. 5. Wann musst du morgen im Dienst sein? 6. Lass die Tür offen! 7. Ich lasse dich jetzt allein. 8. Er ließ lange nichts von sich hören. 9. „Warum müsst ... Kuchen essen ...!"

Test 157
... im Wortinnern

1. Er ist zuverlässig. 2. Er will sich nicht beeinflussen lassen. 3. Trotz seines Einflusses war er machtlos. 4. Die Sitzung des Ausschusses beginnt um 18 Uhr. 5. die Blumen gießen 6. ein großer Erfolg 7. viele Süßigkeiten essen 8. Der Lehrer fragt: „Was ist flüssiger als Wasser?" – Der Schüler: „Schularbeiten. Die sind überflüssig."

Test 158
statt- / -stätte/ Stadt

1. Paris ist die Hauptstadt von Frankreich. 2. die Innenstadt von München 3. das Auto in die Werkstatt bringen 4. Das Klassenfest findet morgen statt.

Test 159
stehen, stets

1. Er hat stets sorgfältig gearbeitet. 2. So steht's in seinem Zeugnis. 3. Er hat sich stets für seine Kollegen eingesetzt. 4. Er war stets bemüht, allen Anforderungen zu genügen.

Lösungen zu den Tests 160–169

Test 160
Steigerung
1. Das ist die einzige Möglichkeit. 2. Erstklassige Qualität wird garantiert. 3. Mein Bruder ist der unordentlichste Mensch. 4. Das war eine riesengroße Enttäuschung.

Test 161
Stiel / Stil
1. Die Kathedrale ist im gotischen Stil gebaut. 2. Der Text enthält stilistische Ungeschicklichkeiten. 3. Stielaugen machen 4. Wir essen Eis am Stiel. 5. den Besenstiel zerbrechen

Test 162
Straßennamen
1. Wo ist die Bonner Straße? 2. Wo ist die Friesenstraße? 3. Wo ist die Schildergasse? 4. Wo ist das Kaiser-Friedrich-Ufer? 5. Wo ist die Köln-Deutzer-Brücke?

Test 163
Tageszeiten
1. heute Abend 2. diesen Abend 3. morgen Abend 4. abends 5. gegen Abend 6. am Sonntagabend 7. „Guten Abend!" 8. am frühen Morgen 9. ich komme morgen 10. morgen früh 11. am Sonntagmorgen 12. jeden Mittag 13. heute Mittag 14. gegen Mittag 15. mittags eine Pause machen

Test 164
-th-
Kreuzworträtsel:
1. THEMA 2. MATHEMATIK 4. KATHOLIK 5. APOTHEKE
1. THEATER 2. ATHLET

Lösung: ORTHOGRAPHIE (weiterhin gültig neben: Orthografie)

Test 165
Tod / tod- / tot
1. Das Gift ist tödlich. 2. die Todesangst 3. den Toten bestatten 4. Er ist todkrank. 5. Mein Opa ist schon lange tot. 6. Die Todesstrafe ist in Deutschland abgeschafft. 7. … totgeschlagen … die tote …

Überschriften

Test 166
… (Grundregeln)
Werke, die in der Klasse 9 gelesen werden:
„Die Judenbuche" von Droste-Hülshoff,
„Das Feuerschiff" von Lenz.
Habt ihr auch von Zweig die „Schachnovelle" gelesen?

Test 167
… und Titel (Artikel, Prädikat)
1. Lenz ist der Verfasser des „Feuerschiffs". 2. Das ist die unheimlichste Stelle aus dem „Schimmelreiter" von Theodor Storm. 3. Diese lustige Szene kommt im „Hauptmann von Köpenick" vor.

Test 168
umso
1. umso eher 2. umso früher 3. umso schneller 4. umso billiger 5. Je eher wir anfangen, umso eher sind wir fertig.

Test 169
und so weiter
1. … Sessel, Tische, Betten, Liegestühle usw., alles ist da.
2. … Töpfe, Teller, Tassen, Besteck usw. sind vorhanden.

Lösungen zu den Tests 170–180

Test 170
ur-, Uhr

1. der Urwald 2. die Urlaubszeit 3. im Urlaub verreisen 4. Seine Urgroßeltern leben noch. 5. die Siegerurkunde 6. die Stoppuhr 7. Das ist eine Armbanduhr.

Test 171
Vergleich

1. Die Prüfung war schwerer, als wir erwartet hatten. 2. Die Ergebnisse sind besser als erwartet. 3. Die Freude war so groß wie noch nie. 4. Peter hat so gute Zensuren bekommen wie sein Freund.

Test 172
verlieren

1. Ich habe meinen Ausweis verloren. 2. Ich suche den verlorenen Ausweis überall. 3. „Wie konntest du ihn nur verlieren?"

Test 173
viel / viele

1. Du machst noch sehr viele Fehler. 2. Wir haben noch viele Probleme. 3. Das kostet alles sehr viel Zeit. 4. Ich wünsche dir viel Glück. 5. So viele Geschenke! 6. Das ist ein viel gekauftes Buch.

Test 174
vielleicht

1. Vielleicht ist es schon zu spät.
2. Vielleicht gibt es doch noch Hoffnung.

Test 175
viel zu / zu viel

1. Die Wohnung ist viel zu teuer. 2. Sie kostet viel zu viel. 3. Die Renovierung würde viel zu viel Geld kosten. 4. Die Wohnung hat viel zu viele Mängel. 5. Sie ist in einem viel zu schlechten Zustand.

Test 176
Vokalverdoppelung

1. Im Winter fällt Schnee. 2. sich die Haare kämmen 3. die Johannisbeeren pflücken 4. im Boot auf dem See rudern 5. im Hörsaal sitzen 6. der Friseursalon 7. die Seligkeit 8. Die Seele ist unsterblich.

Test 177
während

1. während der Arbeitszeit 2. Wir wären gern verreist, aber mein Vater muss während der Sommermonate arbeiten.

Test 178
wahr / war

1. Nicht wahr? 2. Das ist wahr. 3. Das war nicht sehr schwer. 4. die wahren Freunde 5. Sie waren Freunde. 6. Meine Freunde waren alle dabei. 7. Es war schon zu spät. 8. Seine wahren Gefühle waren nicht zu erkennen.

Test 179
weil / da, denn

1. Da ich neu zugezogen bin, melde ich mich hiermit beim Einwohnermeldeamt. 2. Ich lege hiermit Widerspruch ein, weil der Bescheid falsch ist. 3. Eine Mahngebühr ist nicht gerechtfertigt, denn ich habe die Rechnung rechtzeitig bezahlt.

Test 180
weisen / wissen

1. Sie weist alle Vorwürfe zurück. 2. Sie weiß von nichts. 3. Er beweist seine Behauptung. 4. Der Beweis ist eindeutig. 5. Das weißt du so gut wie ich. 6. Die Tischdecke ist weiß. 7. die Wissenschaft 8. der Wegweiser 9. einen guten Hinweis geben 10. den Nachweis erbringen 11. Weißt du nun Bescheid?

Lösungen zu den Tests 181–191

Test 181
wenigstens / mindestens
1. Es waren mindestens 10 000 Zuschauer im Stadion. 2. Die Mannschaft sollte mindestens unentschieden spielen: eine Niederlage wäre sehr schlimm. 3. Es gab mindestens fünf gute Torchancen, vielleicht sogar noch mehr.

Test 182
Wert / wert
1. Das ist nicht der Rede wert. 2. Das hat keinen Wert. 3. Ich lege darauf großen Wert. 4. Der Wert vieler Antiquitäten steigt.

Test 183
wider(-) / wieder(-)
1. Dieses Argument ist nicht zu widerlegen. 2. Ich kann dir nicht widersprechen. 3. Wir sollten entschiedenen Widerstand leisten. 4. Könntest du die Frage noch einmal wiederholen? 5. Ich tue das nur sehr widerwillig. 6. Bitte keine Widerrede! 7. Das Bild spiegelt die Gefühle des Malers wider. 8. Auf Wiedersehen! 9. Ich möchte es gerne wieder gutmachen. 10. Das wieder eröffnete Geschäft läuft gut.

Test 184
wieso ...
1. Wieso geht das nicht? 2. Ich habe sowieso keine Zeit. 3. Wir treffen uns wie immer um 18 Uhr. 4. Wie lange willst du noch warten? 5. Wie oft warst du schon bei mir?

Test 185
wie viel
1. Wie viel Zucker braucht man für den Kuchen? 2. Wie viel Milch? 3. Wie viele Eier? 4. Wie viel Hefe? 5. Wie viel Rosinen? 6. Wie viele Gäste werden kommen? 7. Wie viele Stühle brauchen wir? 8. Wie viele Gläser? 9. Wie viele Teller?

Test 186
wird, Wirt
1. Der Wirt steht hinter der Theke. 2. beim Wirt eine Bestellung aufgeben 3. das Wirtshaus 4. Das wird teuer! 5. Morgen wird es sicherlich regnen.

Test 187
Wochentage
1. Wir wollen sonntags ins Grüne fahren. 2. Dieser Zug verkehrt nicht an Sonn- und Feiertagen. 3. Der sonntägliche Besuch bei der Oma. 4. Am Sonntagmorgen lange im Bett bleiben. 5. Ich sehe samstagabends immer die Sportschau.

Test 188
Wörter / Worte
1. Was soll ich sagen? Da fehlen mir die Worte. 2. Wie werden diese Fremdwörter geschrieben? 3. Ich schlage die Wörter im Duden nach. 4. Lass die großen Worte!

Test 189
-x- / -chs- / -cks- / -gs- / -ks-
1. den Text lesen 2. Geld wechseln 3. Export 4. flexibel reagieren 5. ein schneller Reflex 6. Anfangs gab es Schwierigkeiten.

Test 190
-y-
1. Physik 2. Symbol 3. Dynamik 4. System 5. Mythos 6. typisch

Test 191
-z- / -tz-
1. schwarz auf weiß 2. wie ein Blitz aus heiterem Himmel 3. „Kurz" ist der Gegensatz zu „lang". 4. Jetzt will Peter einen Witz erzählen.

Lösungen zu den Tests 192–200

Test 192
-z / -z-

1. differenziell (oder: differentiell)
1. substanziell (oder: substantiell)

Zahlen

Test 193
... Zahl + Zusatz

1. 100%ig 2. 100stel Sekunde 3. ein 8-jähriges Kind 4. die 4-köpfige Familie 5. eine 5-stellige Zahl

Test 194
... (substantiviert)

1. Sie hatte vier Einser im Zeugnis.
2. Ein Zweites möchte ich noch erwähnen ...

Test 195
... Zahlwörter, Zahladjektive ...

1. Ich kenne die beiden gut. 2. a) Das ist etwas anderes, trotz allem. b) Das alles ist nicht neu. c) Ich will nichts anderes. 3. Ein jeder hätte das so gemacht. 4. Mit wenigem zufrieden sein.

Test 196
Zeit / -zeit

1. Wir haben dafür zurzeit keinen Bedarf. 2. Wir werden beizeiten unsere Bestellung aufgeben. 3. Das muss von Zeit zu Zeit wiederholt werden. 4. Ich stehe Ihnen jederzeit zur Verfügung.

Test 197
ziemlich

1. Es war schon ziemlich spät. 2. Im Diktat sind ziemlich viele Fehler. 3. Wir hatten uns schon ziemlich lange nicht mehr gesehen.

Test 198
Zitate

Mit der vorliegenden Neuauflage des Rechtschreibdudens will die Dudenredaktion erreichen, dass „auch die neue deutsche Rechtschreibung ... durchschaubar" dargestellt wird.

Test 199
Zusammenschreibung ...

1. das Abhandenkommen 2. Uns ist nichts abhanden gekommen 3. Ihr sollt nichts liegen lassen 4. das Liegenlassen der Bücher

Test 200
-zz- / -zz

1. SKIZZE 2. PUZZLE 3. RAZZIA 4. JAZZ

Senkrecht: PIZZA

Stichwortverzeichnis

Die hier genannten Ziffern geben die **Kapitelnummern** an, nicht die Seitenzahlen.
Gr. Begriffe Übers. … = Kapitel „Grammatische Begriffe", Übersicht … (ab S. 168).

A

-aa-	176
Abend, -abend(s)	163
Abkürzungen	1
Absätze	3
Abschnitte (Nummerierung)	117
Acht geben …	2
Adjektive → vgl. Gr. Begriffe Übers. 7	
als Nomen	5
auf -isch und -er	4
die zu Eigennamen gehören	6
nach „etwas, alles …"	7
von Nomen abgeleitet	8
von Personennamen abgeleitet	9
Adresse	38
Adverb → vgl. Gr. Begriffe Übers. 7	
-ä-/-äu-	10
-ai-	11
Akkusativ → vgl. Gr. Begriffe Übers. 2	
Aktiv → vgl. Gr. Begriffe Übers. 6	
alle/ganze	69
alles … +Adjektiv	7
allzu …	12
Alp-/Alb(-)	13
als (im *Vergleich*)	171
Anfang, Ende	14
Anführungszeichen	
Direkte Rede	15
Halbe Anführungszeichen	16
Hervorhebung	17
Angst/angst	18, 77
Anmerkungen	19
Anrede	39
anscheinend/scheinbar	138
Apostroph → vgl. Gr. Begriffe Übers. 4	
ausgelassenes Schluss-e	20
bei Präposition und Artikel	22
Personennamen im Genitiv	21
weggelassene Buchstaben	23
Apparat	24
Apposition → vgl. Gr. Begriffe Übers. 3	
Artikel → vgl. Gr. Begriffe Übers. 7	
Attribut → vgl. Gr. Begriffe Übers. 3	
auf/offen	26
auf + Sprache	49
aufseiten	141
aufwändig (aufwendig)	10
Aufzählungen	
Bindestrich	32
Komma	96
aus-/auß-	27
Auslassungssatz → vgl. Gr. Begriffe Übers. 3	
(*Komma*)	97
Ausrufe-/Fragezeichen	94
Auto fahren	28, 77

B

Bändel	10
Bankrott/bankrott	30
behände, belämmert	10
Bescheid	31
Beugung → vgl. Deklination	
→ vgl. Konjugation	
Bindestrich	
bei Aufzählungen	32
bei Wortzusammensetzungen	35
bei Ziffern + Wort	33
bei zusammengesetzten Nomen und Adjektiven	34
bis	36
Biss/bisschen	36
blühen	37
Blüte	37
-b-/-p-	29
Brief	
Adresse	38
Anrede, Grüße	39
Buchstaben → vgl. Gr. Begriffe Übers. 1	
drei gleiche B.	51

C

-c- (in Fremdwörtern)	40
-ch- (in Fremdwörtern)	41
Come-back (Comeback)	57
Comic Strip	57
Count-down (Countdown)	57
Countrymusik	57
Corpus Delicti	67

Stichwortverzeichnis

D

da, weil/denn ... 179
da-rum ... 149
das/*dass* ... 44, 87
das/was ... 45
Dativ → vgl. Gr. Begriffe Übers. 2
Datum ... 46
d/dt/t
    -d-/-dt- ... 42
    -d/-t ... 43
Deklination → vgl. Gr. Begriffe Übers. 2
Demonstrativpronomen → vgl. Gr. Begriffe Übers. 7
denn/weil, da ... 179
derselbe/der gleiche ... 47
Desktop-Publishing (Desktoppublishing) ... 67
Deutsch/deutsch ... 48, 49
Dienstagabend ... 163
dienstagabends ... 163
dieses/dies ... 50
Differenzial, differenziell ... 192
Diphthong → vgl. Gr. Begriffe Übers. 1
Direkte Rede → vgl. Gr. Begriffe Übers. 3
    (*Anführungszeichen*) ... 15/16
Drei gleiche Buchstaben ... 51
du, dich, dir, dein, euch 52, 143

E

ebenso ... 53
-ee- ... 176
eigen/Eigen ... 54
Eigennamen ... 6
einbläuen ... 10
eingeschobene Sätze (*Komma*) ... 98
einmal ... 108
Ellipse → vgl. Auslassungssatz
-end ... 55
end-/ent- ... 56
Ende ... 14
Englische Fremdwörter ... 57
Ernst/ernst ... 58
erweiterter Infintiv (*Komma*) ... 99
etwas, alles + Adjektiv ... 7
-eu- (in Fremdwörtern) ... 59
Euro ... 73
existenziell ... 192

F

Fantasie 127
fast/fasst ... 61
Femininum → vgl. Gr. Begriffe Übers. 2
fer-/ver- ... 62
fiel/viel ... 63
finite Verbform → vgl. Gr. Begriffe Übers. 6
Foto ... 127
f-/pf- ... 60
Fragezeichen ... 64, 94, 15
Fremdwörter
    (*mehrgliedrige*) ... 67
    mit *-c-* ... 40
    mit *-ch-* ... 41
    mit *-eu-* ... 59
    mit *-g-/-gn-* ... 65
    mit *-ou-* ... 121
    mit *-ph-* ... 125
    mit *-rh-* ... 135
    mit *-sh-* ... 142
    mit *-th-* ... 164
    mit *-y-* ... 190
    Plural ... 66
    Silbentrennung ... 144
Futur I → vgl. Gr. Begriffe Übers. 6
Futur II → vgl. Gr. Begriffe Übers. 6

G

Gämse ... 10
ganze/alle ... 69
gar nicht ... 70
geben ... 71
Geld/gelt- ... 72
Geldbeträge ... 73
gelten/Geld ... 72
Genitiv → vgl. Gr. Begriffe Übers. 2
Genus → vgl. Gr. Begriffe Übers. 2
Geografie ... 125
geografische Namen ... 4
geschlossen ... 26
Getrenntschreibung
    Adjektive und Verben ... 74
    Adverbien und Verben I ... 75
    Adverbien auf -ander, -wärts, -ig, -lich, -isch ... 75
    Adverbien und Verben II ... 76
    Angst haben / Rad fahren ... 77
    darin, darüber ... + Verb ... 76
    drauf-, drüber- + Verb ... 76

Stichwortverzeichnis

großschreiben	74
Infinitiv, Partizip, Nomen + Verb	77
sein	78
da sein ...	78
-g-/-gn- (in *Fremdwörtern*)	65
gibt	71
-g/-k	68
Gliedsatz → vgl. Nebensatz ...	179
Gräuel	10
Grafik	127

Groß- und *Kleinschreibung*

Acht geben ...	2
Adjektive	
als Nomen	5
die zu Eigennamen gehören	6
nach „etwas, alles ..."	7
und Adverbien, von Nomen abgeleitet	8
von geografischen Namen abgeleitet	4
von Personennamen abgeleitet	9
Angst/angst	18
auf + Sprache	49
deutsch/Deutsch	48, 49
Ernst/ernst	58
etwas, alles ... + Adjektiv	7
im Allgemeinen ...	5
Infinitive	88
laut/Laut	105
Leid/leid	107
nach Ausrufe- und Fragezeichen	94
Not/not	116
paar/Paar	122
Partizipien	124
Pronomen „Sie ...", „du ..."	143, 52
Recht/recht	133
Schuld/schuld	139
Seite ...	141
Sie, Ihnen ...	143
Tageszeiten	163
„Verblasste" Nomen	95
Wert/wert	182
Wochentage	187
Zahlwörter, Pronomen	195
Zeit/zeit	196
Grüße	39

H

hängen/henken	79
halbe *Anführungszeichen*	16
Happyend (Happy End)	57
hast/hasst/Hast	80
Hauptsatz → vgl. Gr. Begriffe Übers. 3	
Haus, nach Hause	81
heißen	156
Henker	79
he-raus	149
Herr	82
Hilfsverb → vgl. Gr. Begriffe Übers. 7	
Hotdog (Hot Dog)	57
holen/hohl	83
hundert/tausend	84

I

-ig/-lich	85
Ihnen	143
im Allgemeinen	5
Imbiss	155
im Folgenden	5
immer ...	86
Imperativ → vgl. Gr. Begriffe Übers. 6	
Imperfekt → vgl. Gr. Begriffe Übers. 6	
Indefinites Pronomen → vgl. Gr. Begriffe Übers. 7	
indem/in dem	130
Indikativ → vgl. Gr. Begriffe Übers. 6	
Indirekte Rede → vgl. Gr. Begriffe Übers. 3	87
Indirekter Fragesatz → vgl. Gr. Begriffe Übers. 3	
Infinite Verbform → vgl. Gr. Begriffe Übers. 6	
Infinitive → vgl. Gr. Begriffe Übers. 6	
Großschreibung	88
mit „um zu" ... (Komma)	99
interessant	89, 144
Interjektion → vgl. Gr. Begriffe Übers. 7	
inwieweit/inwiefern	184
irgend ...	90
ist/isst	91

J

-jährig/jährlich	92
jedermann	110
justiziabel	192

K

Kamera	24
Kamerad	24
Kasus → vgl. Gr. Begriffe Übers. 2	

197

Stichwortverzeichnis

Katarr (Katarrh) 135
Ketschup (Ketchup) 57
-k/-g 68
klar 93
klar denken, klarmachen 93
Kleinschreibung
    → vgl. Groß- und Kleinschreibung
Komma → vgl. Gr. Begriffe Übers. 4
    bei Aufzählungen 96
    bei Auslassungssatz 97
    bei „betreffend" 99
    bei eingeschobenen Sätzen 98
    bei Infinitiven mit „um zu" 99
    bei Konjunktionen 100
    beim erweiterten Infinitiv 99
    bei nachgestellten Erläuterungen 101
    bei Partizipien 99
    bei und/oder 102
    bei Vergleichssatz 103
    vor „sondern, aber, nicht nur ... sondern auch, teils ... teils ..." usw. 100
Komparation → vgl. Gr. Begriffe Übers. 5
Komparativ 171
Konjugation → vgl. Gr. Begriffe Übers. 6
Konjunktion → vgl. Gr. Begriffe Übers. 7
Konjunktion/Präposition 130
Konjunktiv → vgl. Gr. Begriffe Übers. 6
Kuss 155

L

Langeweile 104
laut/Laut 105
leeren/lehren 106
Leid/leid 107
-lich/-ig 85

M

-mal/Mal 33, 108
malen/mahlen 109
Mann/man 110
Maschine/Schiene 111
Maskulinum → vgl. Gr. Begriffe Übers. 2
Maßangaben 1
meist, meistens 112
Miene/Mine 113
Mikrofon 127
mindestens/wenigstens 181
müssen 156

N

nach dem/nachdem 130
nachgestellte Erläuterungen
    (*Komma*) 101
nach Hause/zu Hause 81
Nachsilben 144
nämlich 114
Nebensatz → vgl. Gr. Begriffe Übers. 3
Neutrum → vgl. Gr. Begriffe Übers. 2
nicht (gar nicht) 70
nichts + Adjektiv 7
-nis 115
Nomen → vgl. Gr. Begriffe Übers. 7
    Zusammenschreibung 199
Nominativ → vgl. Gr. Begriffe Übers. 2
Not/not 116
Numerale → vgl. Gr. Begriffe Übers. 7
Numerus → vgl. Gr. Begriffe Übers. 2
*Nummer/*nummerieren 117
nummerieren 117
Nummerierung von Abschnitten 118

O

Objekt → vgl. Gr. Begriffe Übers. 3
obwohl/trotzdem 119
oder/und (*Komma*) 102
offen 26
-oo- 176
Ordinalzahl → vgl. Gr. Begriffe Übers. 7
original 120
Orthografie (Orthographie) 164
-ou- 121

P

paar/Paar 122
packen 123
Paket 123
Panter (Panther) 164
Partizipien → vgl. Gr. Begriffe Übers. 6
    als Nomen 124
Passiv → vgl. Gr. Begriffe Übers. 6
-p-/-b- 29
Perfekt → vgl. Gr. Begriffe Übers. 6
Personalpronomen
    → vgl. Gr. Begriffe Übers. 7
Personennamen (*Adjektive*) 9
Personennamen im Genitiv 21
pf-/-f- 60

Stichwortverzeichnis

-ph-/-f (in Fremdwörtern) 125
Platz/platzieren 126
Plural (Fremdwörter)
 → vgl. Gr. Begriffe Übers. 2 66
Plusquamperfekt
 → vgl. Gr. Begriffe Übers. 6
Positiv → vgl. Gr. Begriffe Übers. 5
Potenzial 192
-pp- 127
Praeteritum → vgl. Gr. Begriffe Übers. 6
Prädikat – Subjekt …
 → vgl. Gr. Begriffe Übers. 3 . . . . 128, 167
Präpositionen → vgl. Gr. Begriffe Übers. 7
 mit Dativ oder Akkusativ 129
 Präposition/Konjunktion 130
Präsens/Präsenz → vgl. Gr. Begriffe Übers. 6
 131
Pronomen (auch Großschreibung „Sie")
 → vgl. Gr. Begriffe Übers. 7 . . . . 143, 195
Prozess 155

Q

Quäntchen 10

R

Rad fahren 28, 77
Rad/Rat 132
Recht/recht 133
Reflexivpronomen
 → vgl. Gr. Begriffe Übers. 7
Relativpronomen
 → vgl. Gr. Begriffe Übers. 7 . . . . 130, 134
(-)rh(-) (in Fremdwörtern) 135
Rhabarber 135
Rhapsodie 135
Rhythmus 135

S

sammeln/sämtlich 137
Saxofon 127
scheinbar/anscheinend 138
Schiene/Maschine 111
Schifffahrt 51
schnäuzen 10
Schluss 155
Schuld/schuld 139
Schwimmmeisterschaft 51
seid/seit(-) 140

seitdem/seit dem 130
Seite … 141
Semikolon → vgl. Gr. Begriffe Übers. 4
selbst- 144
(-)sh- (in Fremdwörtern) 142
Sie 143
Silbentrennung
 -ck- 145
 Fremdwörter 144
 Grundregeln 144
 Nachsilben 144
 -pf- 146
 -ss-/-ß- 147
 -st-/-sp- 148
 -ung 144
 Vorsilben 144, 149
Singular → vgl. Gr. Begriffe Übers. 2
sodass/so dass 150
solange/so lange 151
sondern (*Komma*) 100
Sonntagabend 187
sonntagabends 187
soviel/so viel 152
sowieso 184
spazieren … 77, 154
Sprechsilbe 144
-sp-, -st- (Aussprache) 153
Squaredance 57
ss/ß
 am Wortende 155
 bei Verbformen 156
 im Wortinnern 157
 Silbentrennung 147
Stängel 10
statt-/-stätte/Stadt 158
stehen, stets 159
Steigerung
 → vgl. Gr. Begriffe Übers. 5 160
Stiel/Stil 161
Stopp 122
Straßennamen 162
-st-, -sp- (Silbentrennung) 148
Subjekt → vgl. Gr. Begriffe Übers. 3
Substantiv → vgl. Gr. Begriffe Übers. 7
Superlativ → vgl. Gr. Begriffe Übers. 5
s/z 136

T

Tageszeiten
 (Groß- und Kleinschreibung) 163

Stichwortverzeichnis

tausend/hundert	84
-t/-d	43
Telefon	127
Tempus → vgl. Gr. Begriffe Übers. 6	
-th- (in Fremdwörtern)	164
Tipp	122
Titel	166, 167
Tod/tod-/tot	165
trotzdem/obwohl	119
Tunfisch (Thunfisch)	164
-tz/-z-	191

U

u. a.	1
Überschriften	166, 167
überschwänglich	10
Uhr/ur-	170
Umlaut → vgl. Gr. Begriffe Übers. 1	
umso	168
um zu ... (*Komma*)	99
und/oder (*Komma*)	102
und so weiter (usw.)	1, 169
-ung (*Silbentrennung*)	144
ur-/Uhr	170
usw.	1

V

ver-/fer-	62
Verb → vgl. Gr. Begriffe Übers. 7	
„Verblasste" Nomen	95
Vergleich	171
Vergleichssatz (*Komma*)	103
verlieren, verloren	172
verwandt	42
viel + Adjektiv	7
viel/fiel	63
viel/viele	173
viel zu/zu viel	175
vielleicht	174
volllaufen	51
Vokal → vgl. Gr. Begriffe Übers. 1	
Vokalverdoppelung	176
vonseiten	141
vo-ran	149
Vorgangspassiv → vgl. Gr. Begriffe Übers. 6	
Vorsilben (*Silbentrennung*)	144, 149

W

wahr/war	178
während	177

Währungsangaben	1
war/wahr	178
wa-rum	149
was	45
wässrig	157
weil, da/denn	179
weisen/wissen	180
wenigstens/mindestens	181
Wert/wert	182
wider(-)/wieder(-)	183
wie (im *Vergleich*)	171
wieder(-)/wider(-)	183
wieso	184
wie viel/*wie viele*	185
wird/Wirt	186
wissen/weisen	180
Wochentage (Groß- und Kleinschreibung)	187
Wörter/Worte	188
wo-ran	149
Worldcup	57

X

-x-/-chs-/-cks-/-gs-/-ks-	189

Y

-y- (in Fremdwörtern)	190

Z

-z-/-tz-	191
-z-/-z	192
Zahl	
+ *mal*	33, 108
Substantivierte Ordnungszahlen	194
Zahlwörter, Zahladjektive, Pronomen	195
+ Zusatzsilbe/Zusatzwort	193
Ziffern	19, 33, 108, 193
Zeit/zeit	196
ziemlich	197
Zitate	
Grundregeln	198
Überschriften und Titel	166, 167
zu/geschlossen	26
zurzeit	196
Zustandspassiv → vgl. Gr. Begriffe Übers. 6	
Zusammenschreibung von Nomen	199
zu viel	175
-zz-/-zz	200